学級経営

バラバラな教室に

つながりを創り出す

戦略図鑑

文・イラスト

佐橋慶彦

明治図書

まえがき

「先生，俺，人に食べてるとこ見られたくない」

コロナ対応が緩和され，給食をみんなで食べられるようになったその日。多くの子ども達がみんなと顔を向き合わせて食べることを嫌がりました。班活動に参加できない。趣味や価値観が近い相手としか関わりをもてない。教室に困っている子が居ても見向きもしない。自分と，仲の良い数人が良い思いをすれば，他の子がどう思おうと関係ない…。そんな冷たい光景を目にすることも少なくありません。現場にいると，子ども達の「つながり」がこの数年でより一層，薄く，脆くなってしまったことを感じます。私の杞憂ならいいのですが，きっと同じような“危機感”をおもちの方は多いのではないかと思います。

おそらく原因は，コロナ禍だけに限りません。臨床心理士の東畑（2022）は，今の社会を「小舟化する社会」と例えました。社会が自由になる一方で，親族や企業，集団といった大きな船は姿を消し，ネットでのつながりに代表するように，必要がない時には簡単にそのつながりを断ち切ることができてしまう。遭難しようが，沈没しようが自己責任のひどく孤独になりやすい社会になっているというのです。こうした社会の変化と，学級からつながりが消え始めていることは決して無関係ではないはずです。実際に，縁を切る，関わりたくないという言葉を簡単に口にする子もたくさんいます。

そもそも，現実世界で趣味や価値観が合わない相手と無理に関わらなくても，インターネットの世界に行けば似た嗜好をもつ相手がたくさん見つかります。そこにいる人達の顔や名前は分かりませんが，すぐに「いいね」といって承認欲求を満たしてくれます。自分の好きな時に関わることができますし，万が一，その相手と関係がうまくいかなくなったとしても，関係を“ブロック”してまた新たな相手を探せばいいのです。

加えて，セルフレジや宅配サービス，インターネットの普及によって，日

常生活の中で「他者」を感じることが少なくなりました。欲しいと思ったものが，翌日には玄関の前に届く時代です。直接誰かと関わらなくても，１日の生活が成立してしまいます。

　そう考えていくと，他者とのつながりを築いていこうとする営みが，社会の変化と逆行していることに気が付きます。せっかく関わる時間をつくったのにかえって関係が悪化してしまったり，いつまでたっても冷たい関わりばかりが見られたり。そんな一筋縄ではいかない問題が度々訪れるのも無理はありません。

　こうした逆風の中で，つながりを築くためには計画的な方略をもって，粘り強く戦う必要があります。そこで役に立つのが学級経営の戦略です。戦う相手はつながりが消えていく現代社会。決して子どもたちを攻略したいわけでも，制圧したいわけでもありません。そのあまりにも分の悪い相手から，子ども達のつながりを守る戦いのサポートができたら。そんな願いを戦略という言葉に込めました。

　誰かと分かり合えた嬉しさ。同じ気持ちを共有できる喜び。心の穴を埋めてくれるような温もりや，一人では知る由もなかった新たな気付き。他者とのつながりは，私たちにかけがえのないものをたくさんもたらしてくれます。６月に閣議決定された教育振興基本計画に「人とのつながり・関係性に基づく要素が人々のウェルビーイングにとって重要な意味を有している」と示されているように，つながりは幸せに欠かせないものだと思うのです。

　本書では，ばらばらに見える昨今の教室に，つながりを築いていくための戦略を①対等・安全戦略②他者意識戦略③回数×本数戦略④シェアのつながり戦略⑤個別のアプローチ戦略⑥共同体感覚戦略⑦脱・同調戦略⑧共創・創発戦略の８章に渡って紹介しています。消えていくつながりに危機感を抱き，なんとかそれを守ろうと戦っている方々のお役に立てれば幸いです。

2024年１月

佐橋　慶彦

4

もくじ

| 第3章 | **回数 × 本数戦略**
関わりの量を計画的に増やす |

第6章　**共同体感覚戦略**
つながれる子を育てる

第7章　**脱・同調戦略**
自分らしく仲間とつながる

第8章

共創・創発戦略
つながりの価値が実感できるように

第一章 対等・安全戦略

―みんなが大切な教室の基盤をつくる

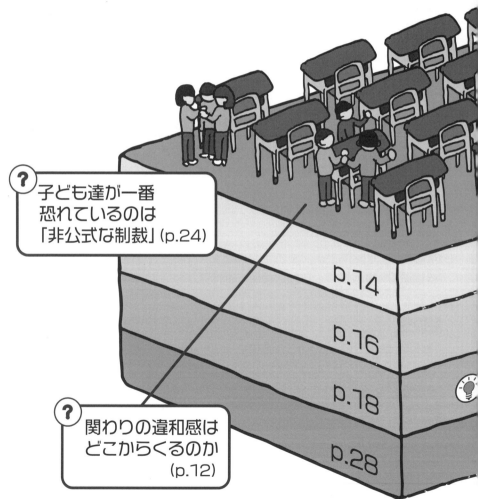

？ 子ども達が一番恐れているのは「非公式な制裁」(p.24)

？ 関わりの違和感はどこからくるのか (p.12)

p.14

p.16

p.18

p.28

教室に飛び交う言葉を「安全」なものにする (p.26)

みんなのために行動してくれる人に光を当てる (p.22)

全員を大切にしたいと公言する

対等性を強調するアクティビティを行う

〜んなに話が聞いてもらえる」という安心感をもたせる

「失敗」をリフレーミングする

「コミュ力」を重視したキャラ付けが教室に与える影響 (p.20)

11

分析 01 関わりの違和感は どこからくるのか

Point »

力関係のあるグループや，一部の子だけで行われる話し合い。そんな

関わりの違和感をなくすためには，対等性を保証する必要がある。

関わり方への違和感

　子ども達の関わりを見ていると「何か嫌だな」と違和感を覚えることがあります。例えば，休み時間。何人かの子ども達が集まって楽しそうに話しています。しかし，よくよく話を聞いていると，どうやらその中の一人に話を合わせているようです。その集団のリーダーなのでしょうか。また逆に，立場の低い子には強い物言いで話しています。まるで自分がその集団内でより高い立場にいることを示しているようです。この子達の関わりは，この先どんなふうに変わっていくのでしょうか。前向きな変化は見込めません。

　グループ活動の時間。クラス全体をぼんやり眺めてみると，話し合いがどんどん盛り上がっているように見えます。しかしよく見てみると，あちらの班は活発な一部の子だけが話を進めています。また，その隣の班では，話の輪に入れていない子がいるようです。また，グループ活動が終わった後に，何人かの子ども達が「あの班は最悪だった」「今度は○○と一緒がいい」と言いに来ました。このまま交流する時間を増やしていったとしても，子ども達の関係性はどんどん悪くなっていってしまうでしょう。

基盤になる対等性

　つながりは，ただ関わる回数を増やせば自然に育まれるわけではありません。むしろ間違った交流を続けていくと，子ども同士のつながりが断たれてしまったり，ねじれてしまったりするでしょう。そこに，学級のみんなと関係を築こうという志向がなければつながりは育まれません。

　鍵を握るのは**「対等性」**です。このクラスの一人一人が同じように大切なんだという対等性が強調されていれば，簡単に誰かのことをないがしろにすることができなくなります。また，自分もみんなと同じように大切にされるんだと信じることができれば，誰かに取り入って居場所を確保する必要もありません。対等性が保証されることで，子ども達の中に，みんなと関係を築こう，自由で前向きな人間関係をつくろうという志向が生まれるのです。

戦略 01 全員を大切にしたいと公言する

Point »

誰一人取り残さない，全員のことを大切にしたいという思いを，一人

一人の目を見ながら公言し，温かな方へと向かう学級の方向性を示す。

学級開きの子ども達は何を考えているか

　もちろんこの対等性を数日間で保証することはできません。しかし，このクラスがこれから対等で安全な場所になろうとしているんだという方向性を伝えていくことは可能です。一人一人が大切にされるクラスにしたいというメッセージを学級開きから繰り返し伝えながら，このクラスがどこに進もうとしているのかをはっきりさせていくのです。

　新しい学級。新しい１年。学級開きの日の子ども達はどんなことを考えているでしょうか。もちろん新しい学年や，教師に対するドキドキ感もあるはずですが，おそらく多くの子ども達が心配しているのは，教室に**自分の居場所があるか**ということです。学生時代を思い返してみても，誰か話せる人はいるか，一人で過ごすことにはならないだろうかという不安で頭がいっぱいだったように思います。高学年に限らず，低学年でも新しいクラスを見て「○○がいる！」などと言っている子は多く，入学式では「○○ちゃんと同じクラスで良かったね」などという保護者の方の声が聞こえてきます。

対等性を公言する

　そうした居場所への不安を無視するよりも，その気持ちに寄り添いたい。そんな思いから学年に応じて言葉を選びながらこんな言葉を伝えていきます。

> 先生は，ここにいる一人一人のことを大切にしたい，大切にできるクラスにしたいと思っています。みんなそれぞれ思っていることや考えていることが違います。勉強が得意な人もいれば，苦手な人もいて，みんなと話すのが好きな人もいれば，誰かと話すだけでもドキドキしてしまうという人もいます。そんなばらばらな一人一人が全員，このクラスで良かったと思えることが先生の目標です。みんなとそんなクラスをつくっていけたら嬉しいです。

　そんなふうに，誰一人取り残さない，全員のことを大切にしたいという思いを，一人一人の目を見ながら公言し，対等性を力強く示すことで，温かな方へと向かう学級の方向性を示していきます。

戦略 02 対等性を強調する アクティビティを行う

Point >>

学級開き直後の「居場所をつくらなければ」という不安を軽減するた
めに，対等性を強調するアクティビティを行う。

もしも毎日グループをつくらされたら

　対等性は，日々の活動の中でも大切にしていく必要があります。例えば，初日から「好きな子同士でグループをつくって」という指示を出し続けたとしたら。きっと，うまくグループに入れなかった子は翌日から学校に来ることが憂鬱になるでしょう。教室では「一人ぼっち」にならないためのサバイバルレースが始まります。必死に誰かの側にいようとトイレにまでついて行く子や，なんとかしてグループに割り入る子，そして一人でいる自分を守るように嫌ではないことをアピールする子達が現れます。

　また，先生が一部の子だけと楽しそうに話し続けたら。きっと，自分はこのクラスの主役にはならないだろう，と消極的な気持ちをもつ子が増加します。また，その主役達になんとかして取り入って，陽ざしが当たる場所へ行こうとする子ども達もいることでしょう。

　ここで生まれるのは，**自分の居場所を守るための人間関係**です。居場所を守ることが目的なので，自分が排除されないように周りに同調することに必死になります。居場所を奪い合う椅子取りゲームが起こることも有り得ます。

対等性を強調する時間を

　対等性を示すことは，子ども達の人間関係を平和なものにします。自分がみんなと同じように大切にされるという安心感があって初めて，目的に応じた人間関係が結べるようになるのだと思います。

　そのため，学級開き直後は特に，対等性を強調した時間を設けるようにしています。例えば毎年行う恒例の学級レクとして「拍手送り」があります。座席順に手を叩いていき，最後の人が叩き終わるまでのタイムを計測するという簡単なルールです。改善案を出し合いながら何度か挑戦して，もしタイムが縮まったら全員で大きな拍手をします。至ってシンプルなレクですが，全員に「拍手をする」という対等の参加権があるので，みんなの一員として参加し，うまくいったという思いを全員にもたせることができます。

Strategy

03 「みんなに話が聞いてもらえる」 という安心感をもたせる

Point »

「相槌あいうえお」で聞いていることの示し方を伝えてから，自己紹介を行うことで，一人一人に話が受け止めてもらえる経験をさせる。

自分の話に耳を傾けてもらえないと

　一生懸命話したのに真剣に聞いてもらえなかったり，せっかく意見を出したのにみんなから文句を言われてしまったり。そんな経験が積み重なると，子どもたちは自分の意見や経験を誰かに話すことが怖くなってしまうでしょう。クラスの一部だけに発言権がある，というような対等性を欠いた実感を与えてしまうかもしれません。

　そのため，**できるだけ早く「この教室では自分の話に耳を傾けてもらえる」という安心感をもたせる**ことを大切にしています。例えば，学級開き直後に行うことが多い自己紹介。名前を覚えるために行うものですが，ここにも聞いてもらえるという安心感を与えるチャンスがあります。

聞いていることを反応で示す

　ここで，静かにすることにばかり留意させてしまうと，教室が静まりかえってしまうことがあります。授業でも全く反応がない教室では，話がしづらいですよね。子ども達もきっと同じように話しづらさを感じるでしょう。そこで左図の「相槌あいうえお」の表を使い，聞いていることを反応で示す大切さを伝えていきます。もちろんこれは一例なので，機械的にこの５種類を言わせるわけではありません。また，タイミングよく話の呼吸に合わせて相槌を打つことを教えておくと，話の腰を折ることがなくなります。

　私はもともと発表が苦手でずっと怖がっていたけど，６年生になってからみんなが温かい目で見てくれて，気楽に話せて嬉しかったです。こんな温かいクラスになれて本当に良かったです。

　いつも自己紹介の時は，声が小さくて聞いてくれなかったけど，今日はみんなが聞いてくれて嬉しかったです。

　どちらも学級開きから３日目，この自己紹介を行った日に子ども達が書いてきた日記です。逆に言えば，こんな早いタイミングからコミュニケーションをくじかれている子ども達がいるということでしょう。

分析 02 「コミュ力」を重視したキャラ付けが教室に与える影響

Point »

　「コミュ力」の有無によるキャラ付けが，学級内に分断を生んでしまったり，利他的な行動を減らしてしまったりしているかもしれない。

・なんだか楽しそう
・Aくんと仲良くなれるかも
・おふざけキャラの方がイケてる

・頑張っている子がいる
・真面目キャラになるのは嫌だな
・自分がやらなくても大丈夫

子ども達を分断するキャラと階層

　陰キャラと陽キャラ，コミュ障，ぼっち。子ども達の間でも，こうした誰かを「キャラ付け」して区分するスラングが広く使われるようになりました。精神科医である斎藤（2016）はこのような事実が，若い世代の間でいかに「コミュ力」が重視されているかを傍証していると述べました。場の空気を読めるか，笑いが取れるか。この**コミュ力**によってスクールカースト，教室内での地位が変わってきてしまうのです。もし対等な関わりを目指していくのであれば，この自然に生まれてしまう格差を見過ごすわけにはいきません。

静かな戦いの始まり

　清掃の時間。教卓の周りに4〜5人の人だかりができていました。何やら楽しそうに談笑しています。その輪の中心には，みんなに人気のあるAくんがいます。一方で，てきぱきと掃除を進める残りの子ども達は，隅に寄せられていた机を元の位置に戻し始めました。人数が少ないのでとても大変そうですが，きれいに机の上を整頓しています。

　そこに他の掃除場所から戻ってきたBくんが来ました。さて，このBくんはどちらのもとへ向かうでしょうか。Bくんの学級内での立場を考えるならば，ここで取るべき行動は教卓へ向かうことです。人気のあるAくんと仲が良い子達が集まってきていますから，そこに混ざって一笑いでも取れば，自分のキャラ付けも少し上がるかもしれません。逆に，掃除を一生懸命頑張っている子達とともに机を運んでも何のメリットもありません。むしろ「一生懸命頑張る真面目な子」という"不名誉な"キャラが付いてしまうかもしれないのです。

　これは，決して大げさな例えではないはずです。こんな事例がきっと日々見え隠れしているのではないでしょうか。こうした**利他的な行動よりも，利己的な「コミュ力」が重視されてしまう状況**を放っておくわけにはいきません。コミュ力偏重主義との静かな戦いが始まります。

Strategy

04 みんなのために行動してくれる人に光を当てる

Point »

最初に清掃を始めた子，最後まで当番活動に取り組んでくれる子。そんなみんなのために行動してくれる人を価値付けていく。

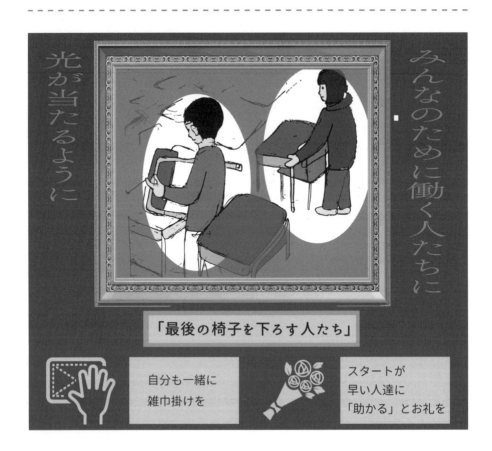

光が当たるように

みんなのために働く人たちに

「最後の椅子を下ろす人たち」

自分も一緒に雑巾掛けを

スタートが早い人達に「助かる」とお礼を

「コミュ力」の高い子を活用すると…

　著書『教室内カースト』(2012)の中で鈴木は，教師はこうしたカーストの存在を認識していない場合もあるが，むしろその存在を認めた上で，積極的にクラス運営に活用している場合すらあると述べています。いわゆる「コミュ力」の高い子の存在を積極的に活用している場合があるというのです。

　先ほどの清掃の事例で言うならば，Aたちの機嫌を損ねないようにしながら清掃指導をやり過ごし，行事や，学級活動などでクラスの中心として活躍してもらうということになるでしょう。学級は一見機能し，明るく勢いのあるように見えますが，そこに温かなつながりは広がっていきません。

　何を隠そう，私もずっとそんな学級経営をしてしまっていました。先日かつての教え子に再会した時のことです。クラスの中心にいた彼らは私にこう言いました。「先生，あの時はサイコーに楽しかったけど，俺たちは思いやりがなかったかもしれない。他の人のことを下に見てたもん」。

みんなのために働く子達に光を当てる

　清掃の時間は対等性を確かめる大切な時間に変わりました。みんなの場所はみんなできれいにする。そんな当たり前をつくることはとても難しく，価値深いミッションです。仲の良い子の近くに居ようとする子。特定の子の机を運びたがらない子。清掃の一コマを見ても，色んな事情が交錯します。もし，一人一人がみんなのために嫌な顔せず清掃に取り組めていたとしたら，そのクラスの学級経営は間違いなくうまくいっているはずです。そこで，自分も一緒に雑巾掛けをしながら，**みんなのために働くことを厭わない利他性と公平性をもった子達**に少しでも光が当たるようにしていきます。例えば，最初に掃除をし始めた子，最後まで掃除をしていた子には必ずみんなに聞こえる声でお礼を伝えるようにしています。また折に触れて「最後の椅子を毎日下ろしてくれる人を，先生はとても信頼している」というように，全員のために行動してくれる人のことを価値付けていくようにしています。

Analysis

分析 03 子ども達が一番恐れているのは「非公式な制裁」

Point >>

誰かに嫌われるのではないか。変な目で見られたりするのではないか。

そんな仲間から受ける隠れた制裁を子ども達は一番恐れている。

子ども達が恐れる「非公式の制裁」

2つ目のテーマは

この章のタイトルは「対等・安全戦略」。今まで述べてきた「対等性」に加えて「安全性」をテーマに掲げています。ご存知の方も多いと思いますが，この安全性とは「心理的安全性」のことです。この言葉を提唱したエドモンドソンは「心理的安全性とは支援を求めたり，ミスを認めたりして対人関係のリスクをとっても，公式，非公式を問わず制裁を受けるような結果にならないと信じられることだ」と述べています。失敗したり，助けを求めたとしても，冷たい反応を示されることはない，誰かが手を貸してくれるという安心感がなければ，子ども達は他者と関わったり，協力しようとしたりすることができなくなってしまいます。心理的安全性は，子ども達の関わりを支える基盤なのです。

子ども達が恐れる非公式の制裁

特に目を引いたのがこの**非公式の制裁**という言葉です。もちろん「静かにしなさい！」「自分でやりなさい！」と教師に叱られるんじゃないかという公式の制裁を恐れている子ども達もいるかもしれません。しかし多くの子ども達が恐れているのはきっと非公式の方の制裁です。誰かに嫌われたり，変な目で見られたりするんではないか，そんな仲間から受ける隠れた制裁を子ども達は一番恐れているのです。

そのため，学級開き直後の子ども達は静かに過ごしたり，意見を言わなかったりと自分の身を守るための安全策を取っているでしょう。特に，昨年度に批判的，攻撃的な声が多かった学年ではその傾向が強いはずです。集団の中で自分の意見を主張すること，目立ってしまうことに，リスクが伴ってしまうからです。これをそのままにして置くと，教室は危険なまま。いつまでたっても安全地帯にはなりません。子ども達はとにかく自分の身を守ることに必死になるでしょう。では，この「非公式な制裁」を受けないと信じられるようにするためにはどうしたら良いのでしょうか。

05 教室に飛び交う言葉を「安全」なものにする

Point »

教師が率先して，失敗を許容するような心理的安全性を高める言葉を
使うことで，教室全体の言葉を変えていく。

心理的安全性を高める言葉

誰かに
教えると
頭にはっきりと
残るよ

「分からない」と
教えてくれると
とっても
嬉しいです

できない
分からないを
歓迎する

ヘルプを
出せる力は
素晴らしい
能力です

大切な
時間だから
いくらでも
待ちます

その
時間に，頭が
すごく整理
されてるよ

言葉を
見つけるのって
時間が
かかるよね

困った時は
助けを求めよう

できるかできないか
じゃなくて
少しでも伸びるか
どうかを大切に
しよう

沈黙を待つ

まず
やってみたことが
大事だね

でも
今日は○○まで
できたね

なるほど
○○をしようと
したんだね

教えてくれて
ありがとう

そうだね。
じゃあどうしたら良いか
みんなで考えよう

成果よりも、過程を大切にする

率直な発言を拒否しない

これで
この方法では
いけないと
知れたね

失敗してからが
勉強の
スタートだよ

うまく
いかなかった時こそ
成長のチャンス

○○さんが，真剣に考えて
そうしたいと思ったなら，
確認せずに，やってみれば良いよ，
うまくいかない時は助けるから。

信頼を示す

失敗に意味をもたせる

人の頑張りを馬鹿にする言葉は
言わないでほしい

飛び交う言葉に気を配る

失敗をリフレーミングする

　エドモンドソンは，同著の中で多くの方法を挙げていますが，中でも「失敗をリフレーミングすること」は，教育現場でもすぐに行うことが可能です。リフレーミングとは，**物事を今と違う見方・枠組み（フレーム）で捉え直すことで，物事をポジティブに捉える**際に有効な方法です。つまり，失敗をリフレーミングするとは，子ども達の「失敗」の捉え方を変えていくということになります。考えてみれば学校生活は多くの失敗であふれています。問題が分からない，宿題ができない，必要な道具がない，何かを汚す，物を壊す，次の行動が遅い…。それだけではなく授業中に間違った発言をした，みんなの前で恥をかいてしまった，仲違いをしてしまった…。そんな失敗もあるでしょう。そうした失敗の捉え方を変えていきます。

教室に飛び交う言葉を変える

　そのために，まずできることは教室に飛び交う言葉を変えることです。人と違う行動をしてしまった時に周りがどんな反応を示すか。失敗してしまった時にどんな言葉を掛けてもらえるか。それによって子ども達の心理的安全性は大きく変わります。何気ない一言に傷つき，行動や関わりが消極的になってしまうというケースもたくさんあります。

　教室に飛び交う言葉を変える一番の方法は，教師が率先して心理的安全性を高める言葉を発することです。教師の言葉は学級の価値観につながります。例えば，教師が子どものミスを叱責するのであれば，同じように子ども達は仲間のミスを叱責するようになりますし，教師が「でも，やってみようとした気持ちが嬉しかった」と過程を大切にするのであれば，子ども達は同じような励ましの言葉を掛けるようになるでしょう。言葉に詰まっている子，分からない問題があった子，どうしようもなくて困っている子がいた時に，その子のことを教師がどんなふうに捉えて，どんな言葉を掛けるのか。その時々の対応が教室の心理的安全性につながっていきます。

戦略 06 「失敗」をリフレーミングする

Point >>

分からない時は教えてもらえばいい，できないことがある時は誰かの

力を借りれば良い。そんなふうに「失敗」のイメージを変えていく。

失敗は

大丈夫ー？
手伝ってくれてる人ありがとう

仕方がないもので、
みんなで助け合えば良いこと

失敗しても助けてもらえる安全性のある教室に

どうしてこぼしたの！

失敗は

絶対にしてはいけないもの

失敗すると迷惑がかかる緊張感のある教室に

教師によってつくられる誤ったフレーム

　失敗を一つ一つ咎めていってしまうと子ども達の「失敗」のフレームが変わってしまいます。「また，あの子宿題忘れて怒られている」「あいつのせいで，先生がイライラする」と失敗を繰り返す子が厄介者になってしまうのです。また，教師と同じように失敗を正そうとする子も出てくるでしょう。そうして「失敗」が絶対にしてはいけないことになり，教室が失敗できない場所になってしまいます。そう考えていくと，失敗のネガティブなフレームをつくっているのは，教師自身なのかもしれないとさえ思えてきます。

失敗した瞬間の対応が鍵

　その証拠に，学級開き直後に教室で何かがこぼれたりすると，多くの子ども達がパッとこちらの方を向きます。きっと教師がどんな反応をするのかが気になるのでしょう。そのため，こうした時は意識して顔色を変えないように心掛けています。平然と，あるいは（子ども達のパニックの具合によっては）笑顔で対応します。そして，周りを見渡し，手助けをしようとしている子を見つけ感謝を伝えます。誰も動いていないようなら，心配そうにしている子に声を掛け，一緒に片づけを手伝います。

　失敗をリフレーミングするには，**誰かが失敗してしまった瞬間の対応**が鍵を握ります。この時の教師の行動で「失敗は仕方がないもので，みんなで助け合えばいいこと」だという新しいフレームが浸透していくからです。分からない時は教えてもらえばいい，できないことがある時は誰かの力を借りれば良い。そうして失敗を少しずつリフレーミングしていくと，心なしか子ども達の表情が軽くなっていくのが分かります。

　特に，学級の中で立場の弱い子の失敗には注意が必要です。ただでさえ立場の弱い子に立て続けに注意をすると，さらにその子が厄介者や足手まといのように感じられてしまうからです。意図的に成功場面を取り上げ，指導はできるだけ個別にするなどの気配りが，全員の安全性につながります。

第2章

他者意識戦略
―心の傷を未然に防ぐ

見るだけでつかむ！

声掛けの中に「他者に目を向けさせる言葉」を入れる（p.32）

おまえが隣が良かったよ最悪～

ろくな人がいない終わってる！

他者への配慮

遊びの計画を通して他者視点を学ぶ （p.36）

あなたも、他の子も大切な一人であることを伝える （p.34）

「他者意識戦略」

~っていうのが
あってさ

うんうん

利他行動を学級全体
に広げる (p.42)

関わりのモデルとして
の役割を果たす (p.46)

他者との関わり方

学級内の「関わり上手」
を見つけて、その価値を
伝える (p.48)

あそこに
傷ついている子が
います!

感謝の気持ちをもつ
ことのメリットを
伝える (p.44)

他者への目

アクティビティを生かして
「他者に目を向けられる子」
を価値付ける (p.38)

ただ
「目を向けられたこと」
から認めていく (p.40)

戦略

07 声掛けの中に「他者に目を向けさせる言葉」を入れる

Point ≫

子ども達への声掛けの中に，他者の存在に目が向くような言葉を取り入れる。

教師を「値踏み」する行動

初日に、番号順並びからの席替えを求めて
提出物なら僕が集めます。
みんな名前は覚えちゃってます。

力関係のある小集団のからかい

声を掛けると…
いや、僕たちはいつもこう。
それに D は嫌がってない。

他者を意識させる言葉掛け

引き受けてくれるのは
嬉しいけれど、
名前を覚えられない人
もいると思うから、
1 か月後に席替えだね。

ここは 40 人もいる
学級だから、見ていて
「嫌だな」と思う人もいる。
それに D の本当の気持ちは、
君たちにも分からないの
ではないか？

他場面に応用して

| 授業中の「こんなの簡単だよね」に | → | 苦手だけど頑張ろうと思っている人だっているよ。 |

| 新しい座席順を発表する時に文句が出そうなら | → | 周りの人が嫌な気持ちになるリアクションはしない方がいいよね。 |

他者意識のない発言や行動には

　問題を解いている時に「こんなの簡単だよね」という声が聞こえてきたり，大きな声で汚い言葉を使って罵り合ったり。教室にいるとそんな冷たい発言が聞こえてくることがあります。もちろん誰かを傷つけようとしているわけではないのかもしれませんが，結果として嫌な思いをしてしまう子が出てきてしまいます。こうした他者意識のない発言・行動が繰り返されると，傷つく子が増え，子ども同士の関係が悪くなってしまいます。では，どうすれば教室にいる他者に目が向くようになるのでしょうか。まず行うことができる方法として，**教師の返答に「他者の存在を入れる」**ことがあります。

他者を意識させる言葉掛け

　学級経営実践を重ねる山田（2021）は著書の中で，わがままな言動に対する教師の対応を左図のように紹介します。この言葉を読み返してみると「仲間の名前を覚えられない人もいると思うから」「嫌だなと思う人もいる」というように言葉の中に，教室にいる他者の存在があることに気が付きます。どちらも他者意識とは違った文脈で紹介された言葉ですが，自然に他者の存在に気が付かせるようなメッセージが感じられるのは，きっとその指導が「学校生活の正しいルールに適応させるため」ではなく「他者の中で幸せに生きていけるようにするため」にされているからではないかと解釈しています。
　「こんなの簡単だよね」と言ってしまった子には「そうなんだ，でも算数が苦手だけど頑張ろうと思っている人だっているよ」，席替えの前には「周りの人が嫌な気持ちになるリアクションはしない方がいいよね」というように，他の場面でも他者の存在に目を向けさせる声掛けは考えられます。
　こうした声掛けを学級全体に続けていくと，他の誰かが傷ついてしまわないかを考えること，みんなのことを大切にすることが，学級の価値観として定着していきます。段々と「今の言い方良くないな」「マイナスな意味じゃないんだけど…」なんていう言葉が教室から聞こえてくるようになるはずです。

戦略 08 あなたも，他の子も大切な一人であることを伝える

Point »

あなたも，他の子も大切な一人なんだというメッセージを伝え，他者の気持ちを無視した行動や言動を減らしていく。

自分のことばかり話してしまう子がいたら

　他者意識を高める声掛けは他にもたくさんあります。例えば、いつも大きな声で自分の気持ちを話してしまうような子について考えてみましょう。嬉しい時，悲しい時，イライラした時，不安な時…。どんな時にも自分の話をしてしまいます。この子にだけ注目を向けすぎると，授業が１対１のキャッチボールのようになってしまいます。そのため，できるだけ真面目に取り組んでいる子どもに関心を向けるようにしたいのですが，そうすると今度は「無視された」と言って普段の行動が荒れてきてしまいます。

その子自身のつながりを守る

　この子のことだけを考えるなら，いくらでも話を聞いてあげたいところです。しかし，ここは他の子もたくさんいる教室です。つまり，場に行動が適していないところに問題があるのです。

　そこで，次のように伝えます。

> ○さんの話は聞きたいんだけれど，ここには30人以上の人たちがいる。だからもし全員がそうやって全部話してしまうと，ものすごくザワザワしてしまうよ。だから，先生と２人で話す時まで我慢してほしい。

　こうして，あなただけが特別な存在だから大切にされるのではなく，あなたも，その隣にいる子も，教室の反対に座っている子も大切な一人なんだというメッセージをことあるごとに伝えていきます。自分もみんなと同じクラスの一人だけど，その一人として大切にされる。そんな認識が，自分以外の存在をどうでもいい他人から，大切な他者へと少しずつ変えていきます。

　教室の"嫌われ者"になってしまう子達には共通して，他者の気持ちを無視した行動や言動が見られるように思えます。野放しにすると，他の子達からのイライラが募り，攻撃の対象になったり，陰口を言われたりしてしまいます。他者を無視した言動を減らしていくことは，その子自身のつながりを守っていくことにつながるのです。

Strategy

戦略 09 遊びの計画を通して 他者視点を学ぶ

Point >>

　遊びの計画の中で，「みんなはどう思うか」を考えることで，他者視

点に立つことを学ぶ。

遊びの計画に必要な他者視点

　他者の目線に立てるようにするために大切にしている取り組みとして遊びの計画があります。よく，お楽しみ会や係のイベントがうまくいかなかったという話を聞くことがあります。チーム決めに批判が出たり，うまく説明が伝わらなかったり，そうした計画の失敗は皆，**「みんなはどう思うか」という他者視点が欠落してしまっている**ことにあります。言い方を変えれば，遊びの計画は他者視点を学ぶのにぴったりな機会です。

計画と失敗を繰り返して学ぶ

　例えばチーム決め。運営役の子ども達はよく自分達でチームを決めたがります。普段はできないチーム分けを自分達でできることが楽しいのでしょう。また，好きな子と自分を同じチームにしたかったり，仲の良い子同士を同じチームにして気遣いをしたように見せたかったりと自分の思惑がちらつくこともよくあります。しかし，参加者の視点からすると「勝手に決められた」ことに中々納得がいきません。例え平等に振り分けていたとしていても，心無い批判を浴びてしまうこともあります。そこで子ども達には「みんなが納得できるように運の要素を付けておくと良い」と伝え，サイコロの目によっていくつかのパターンからチーム分けが決定するようにしています。

　準備を進めていく段階でも他者視点は大切です。子ども達は計画しているとついつい自分の作りたい小道具を作ったり，自分の知識を生かした難しい問題を作成したりしてしまうことがあります。しかし，参加者の視点に立って見ると「そんな小道具よりもルールの説明をしっかりしてほしい」「難しいクイズが多すぎるとやる気が出ない」などということが分かってきます。遊びの計画を成功させるには，他者視点が必要不可欠なのです。

　こうして，試行錯誤の中で他者視点を身に付けさせていきます。計画が失敗することも大切な学びです。頑張りを認めながら，反省点を聞いたり，共有したりして他者視点が獲得できるように促していきます。

Strategy

戦略

10
アクティビティを生かして
「他者に目を向けられる子」を価値付ける

Point >>

グループをつくるアクティビティの中で，他の子に目を向けていた子を見つけ，価値付ける。

グループメイキング系のゲームをした時に…

（例）こじつけポーカー

①1人1枚，トランプを配付する。

②互いにカードを見せ合いながら
「赤の仲間」「同じマーク」「3の倍数」など
共通点のある仲間を見つけ，集まって座る。
何人のグループでも良い。

③全員が座れたらクリア。一度つくったグループを解体してもよい。

他：猛獣狩りなど

同じマーク

3の倍数

同じ色

こじつけポーカー
どんな仲間でも大丈夫‼

行動に移せていなかったとしても、視線を向けられていたことを見つけて価値付けたい。

決まってない人

困っている人

他者に目を向けられる子を

　困っている子や，うかない表情をしている子。あるいは，誰かの言葉で傷ついてしまっている子がいた時に大切なのは，その状況に気が付くことができる子がどれだけクラスにいるかということです。いくら教師が目を光らせても，教室にはたくさんの子ども達がいますから，見えないところで困っている子が出てきてしまいます。しかし，それに気付いて，優しい気持ちを向けられる子ども達がいれば，クラスから取り残される子がいなくなります。

アクティビティとフィードバック

　そんな他者に優しい気持ちを向けられる子を一人でも増やすために，グループメイキングのアクティビティを活用します。左ページに「こじつけポーカー」というゲームを掲載しました。このゲームのポイントはグループができ始めたタイミングにあります。多くの子達は自分のグループができると，安心しておしゃべりをし始めます。しかしこの時周りにはまだグループができていない子がいるはずです。

　注目すべきは，この時の子ども達の行動です。ここで自分のグループを解体したり，その子のカードを見に行ったりする子がいたら，ゲーム終了後に

> 自分達がグループになった後も，他の人が座れたかどうかを気にして動いてくれた人がいました。そういう自分のためだけじゃなくて，困っている人のために動いてくれる人がいると学級が温かくなるよね。

とその行動を価値付けていきます。また，もし行動に移した子がいなかったとしても，きっとイラストのように困っている子達に視線を向けている子ども達がいるはずです。それを取り上げて

> さっき，最後のグループができるまでその人のことをずっと心配そうに見てくれていた人が居ました。その目がクラスの温かさを守ります。そんな人が自信をもって行動に移せるようなクラスにできるといいね。

と語り，他者に目を向けることの価値を全体で共有していきます。

Strategy

戦略 11 ただ「目を向けられたこと」から認めていく

Point »

誰かを心配したり，気に掛けたり。そんなふうにまだ行動に移せていない優しさも認めていくことで，誰も取り残さない学級の礎を築く。

なんだか
しんどそう

一人で
大丈夫かな

あの子
どうしたん
だろう

傷ついている
子はいないかな

いつか「優しい行動」になる「め」を守る

目を向けられただけでも十分

「他者への目」を価値付けられる場面は普段の生活の中にもたくさんあります。例えば，遠足などでよく見かける「好きな子同士でご飯を食べていい」場面。こんな時，自分からグループをつくるのが苦手な子は取り残されてしまいます。すると何人かの子ども達はその子の方を困った顔で見ています。きっとどこかで誰かが悲しい顔をしていることに「気持ち悪さ」を感じられる感覚をもっている子です。しかし，その子にもきっとグループのしがらみがあるので，こっちにおいでとも言えないのでしょう。冷たい教室ではこんな優しささえも，リスクになってしまうのです。

ここで「なんであの子を放っておくんだ」と教師が言っても，子ども達はきっと渋い顔をします。そう思っても行動に移せないジレンマを抱えているからです。そこで，そんな時は後でひっそりと**「さっき○○さんのこと心配してくれていたんだね，嬉しかったよ」**と伝えます。学級に温かさを生み出すためには，こうした"目"を守り育てていくことが欠かせません。

優しい目が礎になる

あの子の体調が悪そうだと心配してくれている子。心無い発言に傷ついている子がいないか気にかけてくれている子。教室には行動に移せていない優しさがたくさん隠れています。これを「行動に移せなくては意味がない」と無下に扱ってしまうのは残念です。そういう優しさが学級内で価値のあるものとして認められていけば，いつか必ず行動に移すことができるからです。

学年が上がるにつれて「優しい行動」が減っていくのも，子ども達の心が冷たくなっていくからというわけではないはずです。そうではなく，先の事例のように優しい行動を取ることに複雑なリスクが伴うようになってしまうのです。ですから，はじめはただ目を向けているだけでも構いません。誰かを心配すること，気に掛けること。そんな小さな思いやりを認めていくことが，誰も取り残さない学級の礎を築いていきます。

Strategy

戦　略

I2 利他行動を学級全体に広げる

Point >>

学級内で起こった，誰かのための行動やみんなのための行動を共有する機会をつくり，利他行動を全体に広げる。

利他行動を共有する

　他者を気遣う“目”を“行動”に移していくためには，そうした**利他行動が大切であるという価値観を学級全体で共有していくこと**が大切です。そこで誰かの利他行動を伝え合うような場を設定します。いいところさがしや日記や振り返りなど，色々な方法が考えられますが，私は週に一度のハッピーサンキューナイス（赤坂，2014）の時間を活用しています。自分が嬉しかったこと，感謝したいこと，良いなと思ったことを輪番で発表していくこの時間には，学級で起こったたくさんの利他行動が共有されます。「いつも，みんなのためにたくさんの人が教科書を配っているのが，なんだか良いなーって思いました」「昨日，委員会の仕事で，給食当番の仕事ができなかったんですけど，教室に帰ってきたら代わりに〇〇さんがやってくれていたので，ありがとうって思いました」「声が小さい人がいても，みんなが必死に聞こうとしているのが良くて，なんだか自分も嬉しくなりました」…そんな報告を聞いていると，こちらも温かな気持ちになってきます。

価値観の転換

　こうした利他行動の共有を繰り返していくと，学級内での利他行動の価値がどんどん上がっていきます。他者のために行動するリスクがなくなり，逆にそういう行動が取れる人が学級で一目置かれる存在に変わっていくのです。**みんなが見てくれている。みんなが大切なことだと思っている。そんな認識がさらに利他行動を増加させます。**

　また，他者の見方にも変化が生じます。「あの子が〇〇していて腹が立った」「あの言い方が嫌だ」というようなマイナスを探すのではなく，「いつも困っている人を助けている」「最後まで掃除をしてくれている」のようにプラスを見つけるようになるのです。そんなふうに前向きな気持ちで他者を見られるようになると，良好な人間関係が築けるようになっていきます。利他行動の共有は，こうして学級にたくさんの好循環をもたらすのです。

戦略 13 感謝の気持ちをもつことの メリットを伝える

Point »

　プラスの要素に目を向けることの良さを伝えて，「思いやり」や「ありがとう」を感じられるようにする。

目も合わさない子どもへの違和感

「他者の見方を変えること」には他の場面でも取り組んでいきます。例えば，よくある検診や測定の時間。あいさつやお礼どころか，言葉も交わさず，目も合わせない子ども達がたくさんいます。まるで機械にサービスを受けるように平然と通過していく様子に，違和感を覚えずにはいられません。他者を感じることが減った今では「何かをしてもらう」という感覚はもちにくいのかもしれません。

感謝を見つけられるように

そこで，検診や測定がある度に，次のような話をするようにしています。

 検査が終わった時に，ありがとうございましたときちんと伝えていた人を見つけました。この"ありがとう"という言葉が大切だとみんなも聞いたことがあると思うんですが，どうして大切なのか考えたことはありますか？

子ども達が出す様々な意見を受け止めながら，こう続けます。

 先生は最近，ありがとうは自分も幸せにする言葉だなと思うんです。例えば，ありがとうと自然に言っていた人たちはきっと，自分のことを診てもらえたことに注目しています。でも逆にそれに気付けずに，めんどうくさいな，なんでしなきゃいけないの，とマイナスな部分に注目していた人もいます。みんなはしてくれたことに目を向けて，ありがとうとたくさん思いながら生活するのと，マイナスなことに目を向けてイライラしながら過ごすのでは，どちらが良いですか。

 教室でも同じです。みんなのために，誰かのために行動してくれる人がたくさんいます。そんな人たちに気が付いて，ありがとうの気持ちをもったり，伝えたりできれば，温かな毎日が過ごせそうです。

他者との距離が遠ざかり，何かをしてもらう，誰かを助ける，といったことが減少したこの時代。インターネットを開けば批判や中傷などネガティブな言葉があふれています。そんな今を生きる子ども達だからこそ，「思いやり」や「ありがとう」を感じて生きていく温もりを伝えたいのです。

Strategy

戦 略

14 関わりのモデルとしての 役割を果たす

Point »

「こんなふうに関わってほしい」という関わり方を，教師がモデルと
なって率先して行う。

人前で話すことが
苦手な子どもがいた時に

イェーイ　あぁ〜　うんうん　○○って
ことか

かつて
掛けていた
言葉が…

教師自身の
コミュニケーションが
子どもたちの
コミュニケーションの
モデルになる
（森，2013）

子どもは大人の鏡

　他者にどんな目を向けるか，ということは教師自身の行動とも大きく関わっています。「なんだか自分みたいだな」と子ども達の振る舞いが自分に似てきていると感じられたことはありませんか。私は祖母譲りの色濃い名古屋弁を使うので，それが誰かにうつっているのを聞くと大変申し訳ない気持ちになります。言葉に関わる教育の研究をしている森（2013）は，**教師のコミュニケーションが，子ども達のコミュニケーションに影響を与える**ことを示唆しています。子どもは大人の鏡とはよく言ったもので，子ども達のコミュニケーションは，教師の在り方に大きく反映されるのです。

スピーチが苦手な子がいた時に

　今年度は持ち上がりの６年生の担任。クラスの中に５年生から持ち上がった子ども達が何人かいます。昨年度一緒にいた子ども達が，他の子ども達とどう関わっていくかを見ていると，昨年度の効果や課題が嫌でも感じられてしまいます。そんな中で１つ，嬉しかった出来事がありました。

　ある日の発表の時間。前に立ったのは話すことがあまり得意ではない子です。見るからに不安な表情をしています。それを見た一人が小さな拍手を始めました。昨年度は，誰かが話す時に好きな本を読んでいた子です。それに続くように何人かが「イェーイ」と明るい声を挙げ，拍手を続けました。

　そのおかげもあってなんとか話し始めることができたのですが，今度は声が小さく周りの声にかき消されてしまいます。すると，その喧噪をかき消すように「あ〜」「うんうん」と相槌を打つ子が出てきました。「あ〜，○○ってことね」と意味が全体に通るようにさりげなくフォローをしている子もいます。拍手も，相槌も，このフォローも，前に立つ子が困っている時に自分が使っていた手段でした。子ども達はそんな様子を見ていて，自分のものにしてくれていたのでしょう。嬉しさとともに，関わりのモデルとしての責任を感じました。

戦 略

15 学級内の「関わり上手」を見つけて，その価値を伝える

Point »

良い聞き方，話し方をしている「関わり上手」を見つけて，その価値を伝えていく。

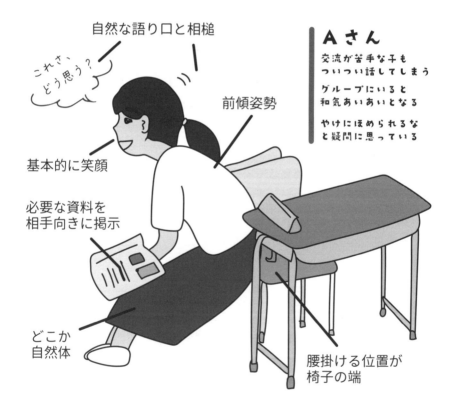

これさ，どう思う？

自然な語り口と相槌

前傾姿勢

基本的に笑顔

必要な資料を相手向きに掲示

どこか自然体

腰掛ける位置が椅子の端

Ａさん

交流が苦手な子もついつい話してしまう

グループにいると和気あいあいとなる

やけにほめられるなと疑問に思っている

複雑なスキル

　他者と関わるためのスキルは多くの文献で語られています。書店を探せばそういったスキルをトレーニングする方法はたくさん見つかるでしょう。しかし，これらのスキルには，事前に指導できるようなはっきりしたものだけでなく，子ども達を見ていて「これが大事なんだ」と気付くような複雑なものたくさんあります。そのため，こちらから方法を示すだけでなく，子ども達の関わりに目を向け，そこで見つけたより良い方法を紹介して，共有することも大切になります。

将来役立つ「力」だと価値付ける

　Aさんという女子児童がいました。みんなを表立って引っ張ることはしませんが，なぜか彼女がいる班はいつも和気あいあいとしています。そこで，ペア活動の時間に彼女の関わり方を分析してみることにしました。この日のペアは口数の少ない男子児童。過去にはペア活動を無言で終えたこともありました。そんなことを知ってか知らずか，Aさんは自分の椅子をすっと近付け「ねぇこれさ，どう思う？」と笑顔で話し掛けました。雪解けはあっという間で，すぐに2人の笑い声と，その男の子の楽しそうな語り口が聞こえてきました。私はこの姿を教室に広めたい，と思い全体に声を掛けました。

 今のAさんを見てみて。自分の椅子を少し相手の方に寄せて，おへそを相手に向けている。しかも，体をこうやって前に傾かせて，うなずきながら話を聞いているんだよね。これは話してみようっていう気持ちになる。

 Aさんがいる班はいつも雰囲気が良いのもきっと偶然じゃないよね。もし先生が会社の社長なら，新しくプロジェクトを立ち上げる時は必ずAさんに入ってもらう。必ずそのチームはうまくいくもんね。真似できなくてもいいけど，このすごさは知っていてほしい。

　足が速い勉強が得意…子ども達がイメージしやすい長所に負けないくらいの価値がこのAさんの関わりのスキルにもあるはずです。

第3章 回数×本数戦略

―関わりの量を計画的に増やす

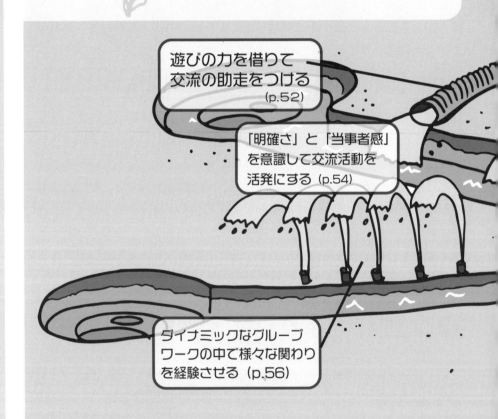

遊びの力を借りて
交流の助走をつける
（p.52）

「明確さ」と「当事者感」
を意識して交流活動を
活発にする（p.54）

ダイナミックなグループ
ワークの中で様々な関わり
を経験させる（p.56）

関わりを広げる
メリットを伝える
（p.68）

サブカルチャーと
なる遊びを推奨する
（p.58）

共通の話題を
デザインする （p.66）

関わりを広げるメリット
を説明する （p.62）

「ご近所付き合い」
を大切にする （p.64）

２種類の班をつくり
関わりの「本数」
を増やす （p.60）

戦略 16
遊びの力を借りて 交流の助走をつける

Point ≫

遊びがもつ子ども達の媒介となる力を生かすと，うまく話し合えなかったグループにも段々と会話が生まれてくる。

サイコロババ抜き

準備：トランプ
　　　サイコロ（算数で使う10面の
　　　　　　　　サイコロがあると良い）

1 基本的なルールはババ抜きと同じ

2 1人1回サイコロを振ることができる
　出た目に合わせて手札（全て）を交換

3 残り2人の直接対決になったら
　サイコロを振ることはできない

0	1	右隣の人と交換
2	3	左隣の人と交換
4	5	右回しで全員交換
6	7	左回しで全員交換
8	9	ハズレ

私の3択

1 自分にしか答えが分からない
　ような3択クイズをつくる

2 例：僕の好きな野菜は何？

3 ダミーの選択肢や、出題の間、
　表情から答えを見抜く

4 回答者は正解したら1点
　出題者は間違った人数×1点

20の扉

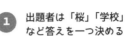

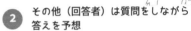

1 出題者は「桜」「学校」
　など答えを一つ決める

2 その他（回答者）は質問をしながら
　答えを予想

3 答えはYES/NOで答えられるもの
　×：それはどんな色ですか？

4 20回質問する前に正解できるかを競う
　答えを当てる質問もカウント

もし沈黙が生まれたら

　ベースとなる対等性や安全性，他者意識が浸透してきたら，ペア活動や具グループ活動など，だんだんと交流の回数を増やしていきます。ただ，どれだけ丁寧に進めても，交流がうまくいかないことはたくさんあります。うまく関われた経験がなかったり，話の始め方が分からなかったりすると，ついつい黙ってしまうのです。

遊びの力を借りて

　そんな時は，焦らずに子ども達の背中を押してあげましょう。例えば，席替えをした後，教室の空気に重たさや，会話の少なさを感じた時はアイスブレイクの時間を取るようにします。そこまでしなければいけないのか，と感じられるかもしれませんが，ここで関わりのきっかけを与えておくと，今後のコミュニケーションが円滑に進むようになります。結果的に，トラブルが減ったり，助け合いが生まれたりして，かかった時間が還元されるのです。

　コロナの制限が緩和されて，向かい合って給食を食べることができるようになった時にも，机を近づけられないといった子どもたちが何人かいました。カーテンの中にこもろうとした子もいたほどです。

　そこで「サイコロババ抜き」というババ抜きゲームを行いました。バラエティ番組で行われていたトランプゲームを簡単にアレンジしたものです。誰でも知っている「ババ抜き」に簡単なルールを追加しただけなので，参加のハードルが低く，会話ができなくても両隣とカードを交換するという関わりが成立します。また，サイコロのドキドキ感が自然な盛り上がりを生み出します。カードを持ちながら自然に輪ができることも良いところです。

　他にも左図に，いくつかグループでできる遊びを紹介しました。どれも準備なく短い時間で行うことができるものです。話し合えなかったグループもこうして遊んでいると，段々と会話が生まれるようになっていきます。遊びには，そんな**子どもたちの媒介となる力**が秘められています。

Strategy

戦 略

17 「明確さ」と「当事者感」を意識して 交流活動を活発にする

Point >>

交流活動を行う時には，何をすればいいのかをはっきりさせること，

自分も参加しなくてはという気持ちをもたせることを意識する。

明確さ
こういう時、
何から話し始めれば
良いのか分かんなく
なるんだよな

当事者感
私が言わなくても
誰かが言うよね

明確さ
「話し合って」って
言ってたけど
そもそも何を
話せば良いんだろう

当事者感
気まずいなぁ。
時間が過ぎるのをとりあえず
待つしかないか

ただ指示をすれば OK ではない

こうして授業の中に少しずつ関わりの時間を増やしていきます。もちろん,ただただ交流の場をたくさん設ければ,上手に関わることができるようになるというわけではありません。例えば,いきなり「6人グループで話し合ってください」と指示をした場合,みんなで上手に話し合える班は少ないはずです。うまく自分の意見を伝えられない子や,沈黙が続いてしまう班が出てきてしまうでしょう。

交流活動を機能させるには**「活動の明確さ」**と**「当事者感」**を意識することが大切です。例えば先ほどの「6人グループで話し合ってください」という指示なら「何について話し合うか」「誰が話し始めるか」「どうすれば全員が話し合えるのか」ということを自分達で決定しなければいけません。また,一人一人の目線に立つと「自分が参加しなくても誰かがやってくれる」「答えを出さなくても時間が過ぎればなんとかなる」とも考えられるので,消極的な子ども達は黙ってしまいます。このように内容が曖昧で,自分が参加しなくても成立してしまうような活動をするには,それなりの話し合いのスキルと,全体の参加意欲が必要になってきます。

明確さと当事者感

ですから,はじめのうちは内容をできるだけ明確にし,自分も参加しなくては,という気持ちをもたせられるように活動を設定します。例えば「2人組で答えをできるだけ多く出し,ノートに書きましょう」と指示をしたらどうでしょうか。先ほどと違い,今回は答えをとにかくたくさん出せばいいということがはっきりとしています。また,今回は2人しかいないので,相手に任せっきりにすると少し申し訳なく思えてきます。加えて「先に聞いた方が楽です。『どう思う?』って聞いてみましょう」と話し始めの一言をほのめかすと,さらに会話が生じやすくなります。交流活動がうまくいかない時には,活動の明確さと当事者感を一度調整することをおすすめします。

戦略

18 ダイナミックなグループワークの中で 様々な関わりを経験させる

Point »

長期に渡るダイナミックな活動の中で，相談する，作業を分担する，

仲裁に入るなど生きた関わりを経験させる。

作業を分担する

揉める＆
仲裁・修復する

社会 ＋ 国語

ニュースづくり

手伝う

冗談を言う＆
切り替える

社会科の情報のまとめと
国語の伝わりやすい発表の順番，
資料のまとめ方を目標に

改善し合う

意見を交換する

話し合い活動だけでは
経験できない
生きた関わりがある

頃合いを見てダイナミックな交流活動を

　自分の意見を人に伝えることに慣れてきたら，今度はグループワークを取り入れていきます。特に，長い時間を掛けて1つのプロジェクトに取り組むようなグループワークを行いたいと考えています。

　例えば，5年生では社会科のまとめと国語の発表の単元を合わせて，合科的な単元として「ニュースづくり」を行いました。社会科で学ぶニュースづくりの手順や情報リテラシーと，国語科で学ぶ伝わりやすい発表の順番，資料のまとめ方などを目標にしています。合科的な指導にすることで社会と国語それぞれの時数を使えることになるため，普段よりダイナミックな活動を展開することができます。

リアルな関わりがたくましさを生む

　一緒に計画を立て，撮影をし，編集をして…活動が長期に渡るとその分，子ども達の間にも様々な関わりが生じるようになります。意見を交換する，手伝う，教える，教えてもらう，相談する，作業を分担する，ともに作業を行う，冗談を言い合う，揉める，仲裁に入る，関係を修復する…。数分の話し合い活動だけでは体験できないような**生きた関わり**がたくさん生まれるのです。そんな様々な関わりが起こるところに，このダイナミックなグループワークの良さがあります。

　このニュースづくり時間にも，たくさんの関わりが生まれていました。みんなで和気あいあいと進めながらも「いかんいかん，そろそろやろうぜ」と切り替えを促す場面。「先に動画を撮りたい○○の気持ちも分かるけど，△△はまずテーマを決めてから，撮ろうとしてるんだよね」とぶつかる意見の仲裁に入る場面。短時間の話し合いでは中々起こりえない場面です。

　しかし，こうした関わりこそが，生きた関わり，日常生活に近いリアルな関わりです。揉めたり，苦心したりしながらも，それを乗り越えていくことで学級に「たくましさ」が芽生えてきます。

戦略 19 サブカルチャーとなる遊びを推奨する

Point ≫

くだらなく思えるような遊びにも，学級のサブカルチャーとなり

「壁」を壊す働きがある。

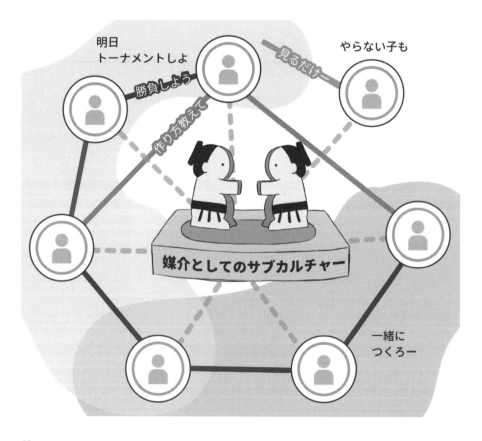

明日
トーナメントしよ

勝負しよう

見るだけー

やらない子も

作り方教えて

媒介としてのサブカルチャー

一緒に
つくろー

壁を壊す遊びの経験

　子ども達は，遊びながら他者と関わっていきます。初任校の学区には学区内に9つも大きな公園がありました。水風船で遊んだり，サッカーをしていたりしたあの子ども達は，学年が違っても，性別が違っても，生き生きと関わり合っていました。水風船がはじけてびしょ濡れになってしまうと，誰が相手だろうと関係がなくなるのでしょう。そんな障壁が壊れるような体験を，みなさんも一度は経験したことがあるのではないでしょうか。

　対して，次の学校区には本当に小さな公園が1つ，2つあるだけでした。時代の変化も相まって，生き生きとした関わりはなかなか見られません。数人の友達と約束をして遊ぶ子がちらほらいるだけで，習い事で遊べない子や，ネットの友達と遊ぶ子もたくさんいます。つまり**壁が壊れるような共通の遊び，他者との媒介となる遊びをした経験が圧倒的に少ない**のです。

たかが遊びをあなどるなかれ

　そんなある日，一人の子がとんとん相撲をしたいと言い出したことがありました。授業中にも工作をしてしまうような子だったので，他の子達は「また変なことを言い出したぞ」というように冷たい視線を送っています。そんな視線が気になっていたこともあり，私は「いいじゃん，先生のもつくってよ。あ，でも授業中には出しちゃだめだよ」と伝えました。

　翌日，土俵と一対の力士を手にその子が現れました。「お～，すごい！よし，やろうやろう」と，一緒になって机を叩きました。久しぶりの感覚に思わず夢中になってしまいます。気が付くと周りには他の子ども達が集まっていました。「先生，代わって」「どうやってつくるの？」とあっという間にとんとん相撲は学級の大ブームとなり，半数近くが所属する「とんとん相撲部」ができ上がりました。所属しない子もまた楽しそうにその様子を見ています。

　こんなくだらなく見える遊びにも，学級の「サブカルチャー」として子ども達を関わらせていく働きがあるのだと，気付かされました。

戦略 20

2種類の班をつくり関わりの「本数」を増やす

Point »

　一度の席替えで，4人班と5人班の2つを別のメンバー構成を組むことで関わる相手の数を増やす。

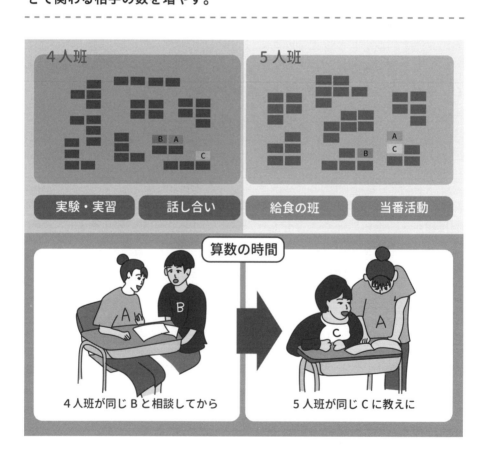

4人班　　　　　　　　　　　　　　5人班

B A
C

A
C
B

| 実験・実習 | 話し合い | 給食の班 | 当番活動 |

算数の時間

4人班が同じBと相談してから　　　　5人班が同じCに教えに

関わりの「回数」と「本数」

　ここまで紹介したのは，子ども達が仲間と多くの関わりをもてるようにするための戦略です。遊びの力を借りたり，授業の中に様々な関わりをつくったり。とにかく関わる「回数」を増やしていこうとしてきました。

　しかし，大切なのは「回数」だけではありません。クラスのどれだけの人と関われるかという**関わりの「本数」**を増やしていくことも重要です。

　学校に登校してから，子ども達はいったい何人の相手と話しているでしょうか。もしかしたら２，３人と会話を交わすだけという子もいるかもしれません。ここからは，そんな関わりの狭さを改善し，教室中にネットワークを広げられるような取り組みを考えていきたいと思います。

一度の席替えに２種類のコミュニティを

　まず注目したのは「班」です。子ども達は席替えをする度に近隣の子達とこの小さなコミュニティをつくります。うまく班が機能し，一緒にご飯を食べたり，課題に取り組んだりしているうちに良い雰囲気がつくられると，相談したり，助け合ったりすることができるようになっていきます。

　この仕組みをより生かすために，一度の席替えで，４人班と５人班の２つを別のメンバー構成で組んでみることにしました。できるだけ，４人班と５人班のメンバーが重ならないように工夫して，活動の度に４人班と５人班を使い分けるようにしたのです。効果は思っていた以上に大きく，子ども達の関わりに大きな広がりが見られました。例えば，左図下のイラストの場合。Ａ児はまず左側にいるＢ（４人班が同じ）に問題の解き方を相談し始めました。ＡとＢが話をしている様子は，この席になるまで見たことがなく，ここに１本，関わりの線ができたなと感じました。そして，Ｂとの話し合いが終わったＡは後ろに振り返り，今度はＣにアドバイスを送り始めました。これもまた新たな関わりです。４人班と５人班，それぞれの関わりがＡと誰かを結ぶ関わりの本数を増やしていたのです。

戦 略

21 関わりを広げるメリットを 説明する

Point »

普段関わっていない子同士が組む機会をつくるかわりに，その意図を

丁寧に子ども達に説明する。

グループ分けの時に考えること

 媚びない

文句が出ないようにと
普段一緒にいる子
同士で組むと、
より関わりが
固定されてしまう

橋渡しの可能性

グループ活動を
きっかけに新しく
関係ができたり、
グループ同士の橋渡し
になることがある

新たなリーダーシップ

いつもは控えめな子も
メンバー構成によって
自分がリーダーシップを
発揮しようと
思うことがある

 関わりを広げるメリットを丁寧に説明する

将来関わる相手は、
話が合わないどころか、
言葉も文化も違うかもしれない
色んな人と関われることは
「力」になる

色んな相手と話せれば
もっと居心地が良くなる
一緒に笑える相手が増えると
もっと毎日が楽しくなる

難しいグループ分け

班をつくる時に難しいのが，グループ分けです。適当にグループをつくってしまうと人間関係が悪化したり，一緒に活動をさぼってしまうような悪い相乗効果が生まれてしまったりします。私も，グループ分けにはいつも頭を悩ませています。

「本数」を増やしたい背景にある願い

体育のグループ分けなどではまず，能力差を考慮しなければなりません。また，トラブルを起こしてしまう子を分散させることも大切でしょう。そしてついつい気にしてしまうのが，子ども達の反応です。できるだけ文句が出ないようにと，仲が良い子同士をくっつけてしまったこともありました。

しかし，ここで仲が良い子同士をくっつけてしまうと，グループで取り組む意味がなくなってしまいます。「この子とあの子がうまく関われるようになったら，クラスにとって大きいな」「このメンバーなら，この子が前に出てリーダーシップが発揮できて，普段とは違う一面が見られるかもしれない」…そんなことを考えて，できるだけ普段関わっていない子同士を一緒にした方が，やはり効果は大きいのです。

そこで，子ども達にこう説明します。

> このグループでの時間も大切な勉強です。将来みんなはきっとどこかで，グループで協力して仕事に取り組む場面に出くわします。話したこともない人がいるかもしれないし，話す言葉すら違うかもしれない。そんな相手と協力できる力が必要です。

> それに，この機会に色々な相手と関わることができるようになったら，もっとクラスの居心地が良くなります。一緒に笑える相手が増えるともっと楽しくなります。そう思ってグループを組んだので，頑張ってみてください。

そんな願いを繰り返し伝えれば，子ども達もその意図を少しずつ理解してくれるようになっていきます。

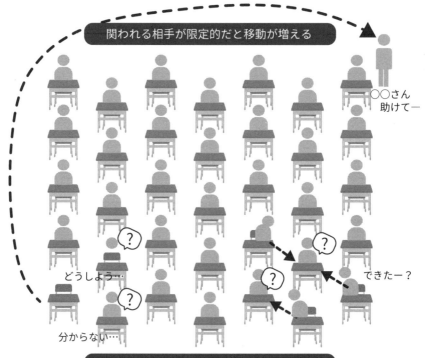

戦 略

22 「ご近所付き合い」を大切にする

Point >>

近くの子同士で助け合えるクラスでは，自由度が高い学習でも子ども

の移動距離が短くなることを伝える。

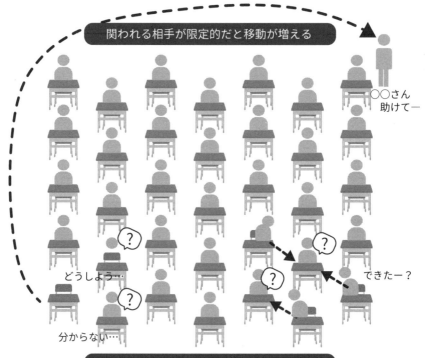

関われる相手が限定的だと移動が増える

○○さん
助けて─

どうしよう…

分からない…

できたー？

関わりが広がっていると、近場で解決できる

主体的な学びと好きな子同士の学び

「自分が解き終わったら教えに行っても良い」「分からないことがあったら席を立って聞きに行っても良い」。私の学級にはそんなルールがあります。席にじっと座って話を聞くことだけでなく，自分から聞きに行ったり，アウトプットをしに行ったりすることが，主体的な学びには大切だと考えているからです。しかし，このルールには気を付けなければいけないポイントがあります。このルールが結果として**「好きな子同士での学び」を促してしまう**ことがあるのです。せっかく４人班や５人班の仕組みを設けていても「分からないから○○教えて」「△△終わったー？」といつも一緒にいる仲良しの子のところに行っては，関わりの本数が増えていきません。何より，本来のねらいや学習の目的からも大きく離れてしまいます。

学級の成熟と子どもの移動距離

そんなことが気になった時には，子ども達に次のような「学級の成熟と移動距離の話」をします。

最近，席を立って分からないことを聞きに行く人や，解き方をアドバイスしに行く人が増えて嬉しく思っています。それだけ，たくさんの人がどうしたら自分の力を高められるかを考えている証拠ですから，先生の授業ではこれはOKです。でも，クラスに協力する力が付いてくると，この授業中に移動する距離が短くなります。近くの子に気軽に聞くことができれば，わざわざ遠くに行く必要がなくなるし，助けようとする人が多くなれば，ご近所で問題が解決するようになるからです。

教室中を行き来する子どもがいると，一見学習が生き生きと行われているように見えます。ここに目的がきちんと伴っていればいいのですが，仲が良い子の元へいくために，近くの困っている子を見捨ててしまっていてはいけません。子ども達の移動距離は，学級のバロメータとして作用します。誰とでも関われる学級では，近隣の助け合いで問題が解決していきます。

戦略

23 共通の話題をデザインする

Point ≫

共通の話題になるような活動を授業の中に取り入れることによって，

隙間時間に自然な会話が生まれるようにする。

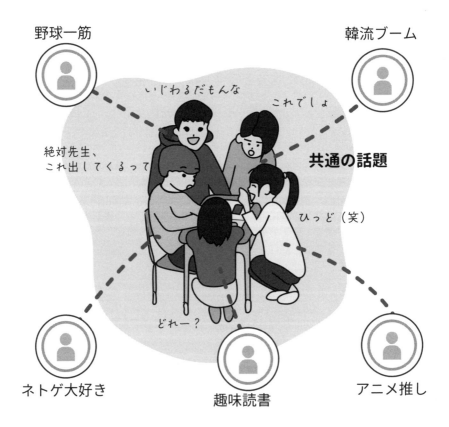

同質性を求める子ども達

　休み時間になる度に，同じ子の元へ向かう子がいます。話を聞くと，「話が合わない」「話すことがない」と言います。確かに，いつも一緒にいる子ども達を見てみると，好きなアニメが同じだったり，同じ習い事をしていたりと，共通の話題をもっていることに気が付きます。

　クラスのほとんどが同じテレビ番組やマンガを見ていた時代とは違って，現在の子ども達は共通の話題をもっていません。インターネットが広がった今では，自分の興味関心のあるものだけを自由に見ることができるからです。また，SNSを開きさえすれば興味関心が同じ人達と簡単に交流することができます。「昨日ネット友と，ゲームの話で夜まで盛り上がっちゃってさ」なんていう話を子ども達から聞くことも珍しくありません。そんな子ども達にとって，**共通の話題がない相手と話すことはハードルが高い**のでしょう。

共通の話題をデザインする

　それなら，共通の話題をつくることはできないだろうか。そんな思いから「歴史クイズ」という実践を行うようになりました。社会の授業の始めに，授業に登場した歴史の人物にまつわるクイズが出題され，正解するとその人物のシールがもらえます。頑張ったらもらえるのが嬉しいのか，みんなでクイズをするのが楽しいのか，子ども達は必死になって勉強しています。

　この実践の良いところは，社会の授業前に子ども達の輪が入り乱れることです。「ねぇ一緒に見せて？」「これ出そうじゃない？」と教室のいたる場所で輪ができるのです。予鈴がなった後も，今度は席の近くの子達と一緒に資料集を見ています。学級の全員が共通の話題をもっている状態なので，どこでも，誰とでも自然に会話が生まれます。都道府県のクイズでも，前時の復習でも。学年に応じて色んなアレンジが考えられます。毎日一緒に授業を受けているという経験に，遊びの力を少し借りることで，共通の話題をデザインすることができるようになります。

戦略

24 関わりを広げるメリットを伝える

Point ≫

関わりを広げることは，自分の身を守ることでもあり，今後に生かせ

る力を高めることにもなることを伝える。

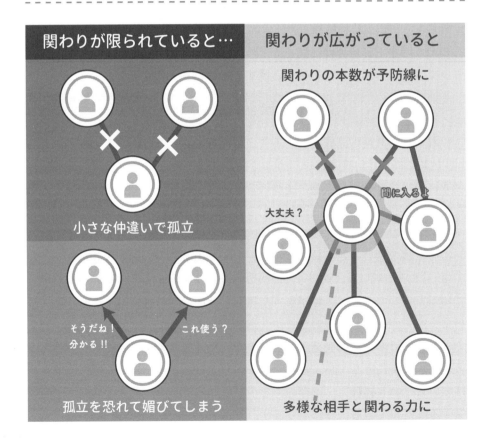

メリットを伝えること

関わりの本数を増やすには，子ども達自身が「たくさんの人と話したい」と思うことが一番です。そのために，関わりを増やすメリットを子ども達に説明することを大切にしています。

まずたくさんある関わりが，そのまま自分の予防線となることを伝えます。もし，学級内に話をできる相手が2人しかいなかったら。その子達とけんかをしてしまった時に大きなピンチが訪れます。学級内に話をできる相手がいなくなってしまうのです。そうして一人ぼっちになってしまい，困るのは子ども達ですから，多くの子達は思い切ってけんかをすることができません。そうして，この2人に媚びなければいけなくなってしまうのです。

しかし，そんな時に話ができる相手が他にいたらどうでしょうか。とりあえず誰かと話をすることができます。もしかしたら悩みを聞いてもらったり，仲裁に入ってもらったりすることができるかもしれません。**関わりの本数をもつことは，自分の身を守ることにつながる**のです。

勉強や運動以上に必要な力

そして，先のページでも少し述べたように，誰が相手でも関われるということは，その人の力になります。将来違う文化をもつ相手と協力していかなければいけない子ども達ですから「話が合わない」と関わりを断絶している場合ではありません。そうではなく，自分とは全く違う考えをもつ人と前向きに関わっていくことが求められるのです。人と人をつなげることができるようなハブ型人材がより求められている，というニュースをこの前も目にしました。またアイドルのオーディション番組では合宿をして，仲間とどんな関わり方をするかを見る審査が催されています。そうして関わりの本数がもてることは，自分を守り，武器になる力であることを説明すれば，子ども達は自分から関わりを広げていこうとするようになります。そして，その広がりを後押しするのが，続く第4章の**「シェアのつながり戦略」**です。

第4章 シェアのつながり戦略
―つながりを教室全体に広げる

学級全体に**つながり**を広げることはできる？

そもそもどんな関わり？

曖昧な「つながり」を分類してみる（東畑 2022 を参考に）

ナイショのつながり

親密性

ナイショを共有するような一歩深入りした関係

シェアのつながり

共同性

時間や場所、問題やミッションを共有する関係

（→ p.72）

多くの子ども達は2つのイメージを混同している
そして、知らず知らずのうちに
「学校」はナイショのつながりを求めている

3人組つくって〜

仲良い子はできた？

70

興味や価値観が違っても築ける「シェアのつながり」を志向したい

（→ p.74,76）

あいさつする

一緒に考える

目標を共有する

しかし 個人化した社会を生きる子ども達は
こうした分かち合う経験が不足している（→p.78）

誰かの問題が自分たちの力で変わること、
自分の悩みが誰かの力を借りることでふっと軽くなることを経験させたい

オープンダイアローグをもとにした

対話実践 （→p.80,82,84）

一緒に問題をみつめる経験

感情をシェアする経験

コミュニティの一員だという感覚

（→p.86）

目に見えないものを大切にシェアしていくことでつながりは深まる

知識の共有

感情の共有

意志の共有　　　（→p.88）

第4章　シェアのつながり戦略──つながりを教室全体に広げる

Analysis

分　析

04 学級全体に「つながり」をつくることはできるのか

Point »

　時間や場所，問題やミッションを共有することで生まれる「シェアの

つながり」であれば，興味や価値観が異なる相手とも築くことできる。

あまりに曖昧な「つながり」

　学級全体につながりを生む，という言葉にどんなイメージをもたれたでしょうか。もしかしたら，そんなことは不可能だと思われた方もいるかもしれません。学級にいる様々な価値観をもつ子ども達がつながることは，確かにとても難しいことです。そこで，もう１つ質問です。今みなさんがイメージされた「つながり」とは，一体どんな関係を表すものでしょうか。きっとそれぞれ違った答えをもたれているでしょう。つながりという言葉はそれだけ曖昧で，色々なイメージが混在しているのです。そこでまずは，この曖昧な「つながり」という言葉を整理するところから，この章を始めたいと思います。

　臨床心理学者の東畑（2022）はこの曖昧なつながりを社会学の共同性と親密性の考えをもとに，**「ナイショのつながり」**と**「シェアのつながり」**の２つに区分しました。「ナイショのつながり」とは，家族や，恋人，一部の親友などに見られる親密なつながりを指します。本当に自分のことを大切にしているかどうか，そんな深入りした関係を求めます。対して，「シェアのつながり」は「みんな」と時間や場所，問題やミッションを共有しているうちに生まれるつながりです。苦労や，愚痴もシェアし合うこのつながりには，相手が傷つかないようにする配慮が見られます。

志向するのはシェアのつながり

　本章で志向していくのはこの「シェアのつながり」です。もちろん自然に生まれる親密なつながりを否定することはしませんが，学級全体でこれを目指していくのには無理があります。しかし「シェアのつながり」であれば，興味や価値観が異なる相手とも築いていくことできるはずです。ずっと一緒にいられるような仲良しではなくても，誰かの悩みに共感したり，一緒に問題の解決を図ったりすることはできます。また，その傷つけない関係は，学級に安心感をもたらしそれぞれの「自分らしさ」を引き出してくれます。シェアのつながりは学級という場所に，最適なつながりの形なのです。

Strategy

25 「つながり」のイメージチェンジを図る

Point >>

「仲良しじゃなければつながらなくていい」から「一人一人とどんな

関わりを築いていけるか」へ，子ども達のイメージチェンジを図る。

色々な「カンケイ」を大切に

助け合う

目標を共有する

一緒に考える

一緒に喜ぶ

一緒に笑う

励まし合う

同じ場にいる

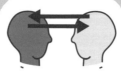
分かり合おうとする

尊重し合う

違いは関わりのイメージにある

　幅広く色々な相手と関わりを築いていける子ども達と，一部の相手としか関わりを築けない子ども達。この両者の違いも**「つながりのイメージの違い」**にあるのではないでしょうか。今まで出会った幅広くつながりを築いていける子ども達を思い返してみても，別にみんなと親密につながり，色んな相手と遊んでいる，というわけではありません。ただ，みんなで笑うことが楽しい，困ったことがあったら助けたい，というような分かち合う気持ちをもっていたように思います。きっとこの子ども達は「シェアのつながり」を多くの相手と結ぼうとしていたのでしょう。

　それに対して，一部の相手としか関わりを築けない子ども達は，ずっと親密なつながりを求めています。一緒にトイレに行ったり，秘密の相談をしたり，時にグループの一員の悪口を共有したり。逆に，自分の気持ちを深く汲んでくれない相手や，価値観が合わない相手とは，なかなか関わることができません。この子ども達にとってはつながるということが「ナイショのつながり」と直結してしまうのでしょう。そこで大切なのは，このつながりのイメージを変えることなのではないかと思うのです。

イメージを広げていく

　まず，学級全体に「どんな人と一緒にいたいと思う？」などと問い掛け，友達のイメージを出し合っていきます。「よく遊ぶ」「自分のことを分かってくれる」。きっとそんな言葉が並ぶのではないでしょうか。さらに「じゃあ，そうじゃない相手とは，遊んだり，協力したりすることができないのかな」と続けます。そして「励まし合う関係」「助け合える関係」「心配する関係」「認め合う関係」など，画像を活用しながら色々な関係の在り方を紹介し，子ども達のつながりのイメージを広げていきます。「仲良しじゃなければつながらなくていい」から「一人一人とどんな関わりを築いていけるか」という考え方へ，子ども達のイメージチェンジを図ります。

Strategy

戦略

26 あいさつとちょっとした会話から スタートする

Point »

あいさつをしたり，手助けしたり，ちょっとした会話をしたり。そんな小さな一歩もシェアのつながりのスタートになる。

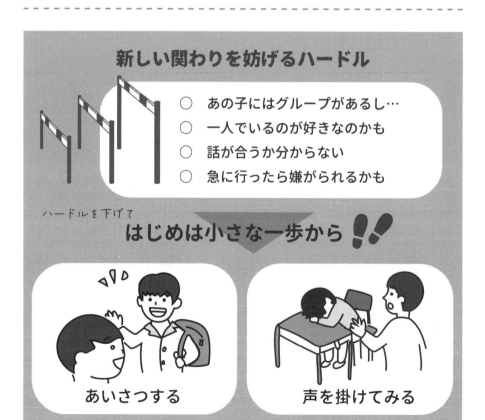

新しい関わりを妨げるハードル

- ○ あの子にはグループがあるし…
- ○ 一人でいるのが好きなのかも
- ○ 話が合うか分からない
- ○ 急に行ったら嫌がられるかも

ハードルを下げて

はじめは小さな一歩から！！

あいさつする

声を掛けてみる

みんなと仲良くなりたいというイチカさん

「シェアのつながり」という言葉を初めて目にした時。真っ先にイチカさんという子の顔が浮かびました。リーダー的存在というわけではありませんでしたが，人当たりが柔らかく思いやりのあるイチカさん。昨年度同じクラスだった2人の子と，よく3人で過ごしていました。そんな彼女が，教育相談の時間にこんな話をしてくれました。

先生，私はもっとクラスのみんなと仲良くなりたいんです。せっかく一緒のクラスになったのに，もったいないなって。でも，急に仲良くなれるか分からないし，なんか嫌がられても嫌だし。一人でいるのが好きな子だっているじゃないですか。だから，難しくて…。

なんて素敵な考え方がもてる人だろうと思いました。そこで私は彼女に，

そんなふうに思ってくれる人がいるのは，先生としてすごい嬉しくて，ありがたいことだからぜひ応援させてね。確かに，急に仲良くなるのは難しいかもしれない。でもあいさつしてみるとか，困ってる時に助けてあげるとか，暇そうな時にちょっとした話を持ち掛けてみるとか…。「あっ，このキーホルダー何？」みたいなね。それならできるかもしれないよね。

と返しました。彼女は嬉しそうに，うなずいてくれました。

「おはよ」から始まるつながり

その翌朝。イチカさんは登校してくると，みんなのもとへあいさつをしに回るようになりました。困った子がいると，ちょこんと横に座り「どうしたの？」と声を掛け，一人でいる子とも一言，二言，さりげなく会話を交わします。毎日言葉を交わし続けるイチカさんに呼応するように，学級全体にもあいさつや，手助けといった小さなつながりが広がっていきました。

「ちょっと勇気をもてば，みんなと仲間になれる」…イチカさんはそう日記に書きました。彼女のこの力強い言葉に，私も「全員とつながることはできるかもしれない」という希望をもつようになりました。

Analysis

分析 05 子ども達は「分かち合う経験」が不足している？

Point ≫

スマホにセルフレジ，ネット注文など他者なしで成立してしまう社会を生きる子ども達は，他者と分かち合う経験が少ない。

「シェアのつながり」チェックシート

- ☑ 誰かが落ち込んでいたら元気づける
- ☐ 誰かが何か失敗をしたらそっと慰める
- ☐ 一人でできなさそうだなと思ったら進んで手伝う
- ☐ 誰かに何か嬉しいことがあった時には一緒に喜ぶ
- ☐ 自分が元気がない時に、気が付いてくれる人がいる
- ☐ みんなは、悩みや不安を嫌な顔をせずに聞いてくれる
- ☐ どうしていいか分からない時に、アドバイスをもらえる
- ☐ けんかしたり、仲間外れになったりした時、誰かに相談できる
- ☐ 自分は悪くないのに怒られた時、誰かに相談できる
- ☐ 勉強が分からなくて困った時、誰かに相談できる

嶋田（1993）のソーシャルサポート尺度，藤原・村上・西谷・櫻井（2016）の援助行動要請尺度をもとに作成

分かち合いが消えた教室

「シェアのつながり」は難しいことではありません。あいさつを交わし,困った時に手を差し伸べる。楽しいことがあったら一緒に笑い,困ったら一緒に考える。そんな当たり前の分かち合いが共同性をつくっていきます。しかしその当たり前が,少しずつ教室から姿を消しています。同年代の実践者と話しても,「他の子が何をしていてもいいっていう感じ」「『周りの子もいるんだよ!』って言いたい」のように,共同性が失われている話を耳にします。似たような危機意識をおもちの方は他にもたくさんいるかもしれません。

他者なしで成立する社会

これには,冒頭でも問題として取り上げたように,**社会の個人化**が大きく影響しています。みなさんは,困ったことがあった時にまず何をしますか?私は迷わずにスマホを取り出し,検索をします。耳寄りな情報がまとめてあるサイトや,詳しく説明してくれる動画が数秒で開かれることでしょう。もしそれでもダメなら,今度はより詳しい書籍や専門家をまた検索し直します。**私たちは,いつのまにか日常生活のほとんどの問題を「一人」で解決できるようになってしまっている**のです。そこに他者の姿は見えません。そんな便利な時代には,わざわざ"生きたつながり"を使って問題を解決する必要はありません。まして,生きたつながりには「感染」という大きなリスクが伴うようになったのです。醤油を借りに行くなんてもってのほかで,近くのコンビニに行けば店員さんと言葉を交わさずとも買い求めることができますし,ネットで注文すれば翌日には玄関の前に届いています。

そんな時代に生きる子ども達です。誰かの問題が自分たちの力で変わること,自分の悩みが誰かの力を借りることでふっと軽くなること,自分の小さな表情の変化に気が付いてくれる誰かがいること,なんとなくみんなで同じ気持ちをもてているような気がすること。そんな"生きた"分かち合いを経験したことがないのかもしれないのです。

戦略
27
シェアのつながりを目指した 対話実践

Point »

　誰かの問題が自分たちの力で変わること，自分の悩みが誰かの力を借

りることでふっと軽くなることを経験させる。

01

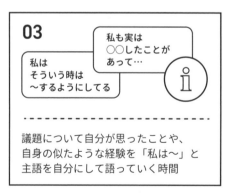

5〜10人
4グループ程度

学級を分割してグループをつくる
司会を決め、議題（事前募集したもの
から教師が決定）を発表

02

その時、何を考えてる？
どうしてそう思うの？
どうなってほしい？
どんな時に？
いつから？

提案者以外が輪番に質問をしていく
質問により提案者の問題がはっきりする
新たな捉え方が見つかることも

サポートミーティングの進め方

03

私も実は
○○したことが
あって…

私は
そういう時は
〜するようにしてる

ⓘ

議題について自分が思ったことや、
自身の似たような経験を「私は〜」と
主語を自分にして語っていく時間

04

話を聞いていて
浮かんだことを
解消策にしても良い

問題を解消するアイデアを輪番で
出していく。（議論はしない）
提案者はそれをもとに解消策を決定する

個人化と戦う対話実践

　そこで大切なのは，一人の問題についてみんなで考えていく時間をもつことです。誰かの問題が自分たちの力で変わること，自分の悩みが誰かの力を借りることでふっと軽くなることを経験させることで，仲間との分かち合いが広がっていきます。方法は学級会やクラス会議（赤坂，2014），誰かのアイデアをみんなで吟味するような話し合い活動など，どのようなものでも構いません。それぞれの学級に合った形が必ずあるはずです。私も色々な方法を試していますが，今回は**「オープンダイアローグ」**という対話実践をもとにした話し合い活動に取り組んだ時のことを紹介します。臨床社会学の研究者である野口（2018）は，このオープンダイアローグは，先のページ（p.79）で示したような個人化がもたらす弊害を乗り越えるためにフィンランドで生まれたもので，個人化によってばらばらになってしまった人々を互いに資源となって協力し合う関係に変えていくことに重点があると述べています。まさに「シェアのつながり」の構築を目指した実践だということができるでしょう。

シェアのつながりの外にいるヒロキ君

　実践に取り組む前に，p.78のチェックシートを子ども達にアンケートしてみました。仲間からサポートを受ける。仲間に助けの手を差し伸べている。困った時に助けを求める。シェアのつながりが広がった教室では，きっとこんな様子がたくさん見られるようになるはずです。ところがヒロキ君という男の子は，このほとんどの項目に最低得点をつけていました。確かに普段から彼を助ける子は一人もいませんでしたし，もちろん彼が助けを求めにいくこともありません。彼は困ったことがあると，一人でいじけ，大きな声でイライラを叫んでいました。そんな中でスタートしたこの実践。お互いに助け合えるような関係になれるようにと「サポートミーティング」という名前を付けました。学級を4分割し，9人程度で輪をつくります。しかし早速問題が発生。ヒロキ君が輪の中に入れなかったのです。

Strategy

戦略

28 「質問タイム」と「私はタイム」を生かして 問題を全員でシェアする

Point >>

他者がいることで捉え方が変わる時間，それぞれの意見を大切にする

時間を設けることで，問題をシェアする関係をつくる。

質問タイム	私はタイム
順番に質問を投げ掛けていく時間	自分が思ったことや、自身の経験を「私は〜」のように主語を自分にして語っていく時間

merit（質問タイム）

○ 他者視点から新たな気付きが得られる

○ 質問に答えていくことで、問題が整理される

merit（私はタイム）

○ Iメッセージの練習になる

○ どんな意見も一意見であることを強調できる

例

議題「気持ちのコントロールができない」

Q どんな時にイライラするの？

A 事情も分からずに止められる時

Q 何をすると落ち着ける？

A ぼーっとする

Q 解決策が思いつくことはあるの？

A 相手に勝ってやろうと思って考えられない

他者の言葉で問題がはっきりしてくる

こういう時は絶対○○した方が良い

△△なら〜するべき

他の考えを否定してしまうことに

私はそういう時○○するようにしてる

自分も△△したことがある

お悩み相談だけでなく、他教科でも応用できる（→p.142）

ちょっとした議題で構わない

　近くにあるカーテンに顔を隠しているヒロキ君。一応，話し合いを気にしている様子ではありましたし，邪魔をする気配もなかったのでそのまま見守っていました。司会と記録係を決めて話し合いのスタート。ヒロキ君が所属する1班の議題は「習い事の水泳で中々進級できない」というものでした。これは，事前に子ども達から募集した「みんなに相談してみたいちょっとしたお悩み」の中から教師が事前に選定したものです。複数のグループが一斉に行うので，こうした傷つく可能性が少ない議題を選んでいました。

質問タイムと私はタイム

　最初は「質問タイム」。2〜3周を目途に輪番で質問をしていく時間です。他のメンバーからの質問によって，問題を多面的に捉え直すことがねらいとなっています。1班でも，水泳歴や習い事の頻度など多くの質問が出され「どうしてそんなに受かりたいと思うの？」「その日は誰かが見に来るの？」など段々と質問の内容が細かくなっていく様子が見られました。

　その後は「私はタイム」に移ります。議題について自分が思ったことや，自身の似たような経験を，**「私は〜」のように，話の主語を自分にして語っていく**時間です。ここで「こうした方がいい」「そういう時はこうするべき」といった言い方をしてしまうと，悩んでいる子や，他の意見を出してくれた子を否定することになってしまうからです。そうではなく，どんな意見もあくまで一意見であることを強調し，他者の意見を尊重できるようにするために，このIメッセージで語る時間を大切にしています。

　1班のメンバーも「私は水泳はやってないんだけどね，そろばんの試験はやっぱり緊張する」と上手に自分の話に置き換えながら考えていました。「私は習い事のテストの日はね，ショコラ肉まんを食べるって決めてるの」「いや，僕のプールにはカップラーメンしかないんだって！」

　一人一人の「私は」エピソードに，自然と笑みがこぼれていました。

戦 略

29 ともに解決策を生み出す

Point >>

自分の意見が採用されたり，一緒に話し合ったことで新しい答えが生

み出されたりすると，自分も話し合いに参加したという実感が生まれる。

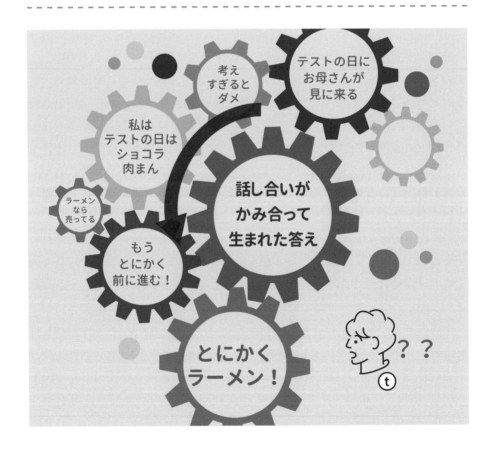

カーテンから出てきたヒロキ君

「俺はこういう時，考えすぎちゃってうまくいかないんだ」

　気づけば，カーテンから出てきたヒロキくんが，自分の捉え方を話しています。話さずにはいられなかった，という感じです。

　そして最後は**解決策のブレインストーミング**をする時間。とにかくアイデアを出し続けます。あくまで最終決定権は本人にあるため，ここでは議論や否定をしない約束になっています。みんなの意見を聞いた後，自分で答えをつくることも OK。色々な角度からアイデアを出すことで，とにかく考えを広げることが目的です。

　「本番はとにかく前に進むのが良いと思う。ヒロキが考えすぎちゃうって言ってたみたいに，何も考えない方がうまくいくと思う」…そんな自分の意見が生かされたアイデアが出されたことに，まんざらでもない顔をしているヒロキくん。気付けば体が前傾しています。そんな姿にほっとして，他の班に視線を移した矢先。「決まったー！」と叫びながら1班のみんながこちらにやって来ました。その中にはもちろんヒロキ君の姿もあります。

とにかくラーメン！

　「あぁ，それは良かった。なんだか楽しそうだね。ちなみにどんな策を選んだの？」と尋ねると，嬉しそうに声を合わせ「とにかくラーメン！」と答えました。発話記録をまだ確認していなかった私にとってはちんぷんかんぷん。どうやら邪念を振り払うには，もう泳ぎ終わった後のラーメンのことだけを考えて泳ぐのがいい，ということだったようです。質問タイムや私はタイムの流れがあってこその解決策。間違いなくみんなの話し合いによって生まれた答えだと言うことができるでしょう。

　驚いたことに，2週間後。議題提案者だった子から半年間受からなかったテストに合格したという知らせが届きました。しかし，それ以上に驚いたのがヒロキくんの変容でした。

戦略 30 シェアのつながりの中に 身を置けるようにする

Point >>

意味（言葉の背景や文脈）と感情をシェアすることで，自分もそのコ

ミュニティの一員だという実感を高めることができる。

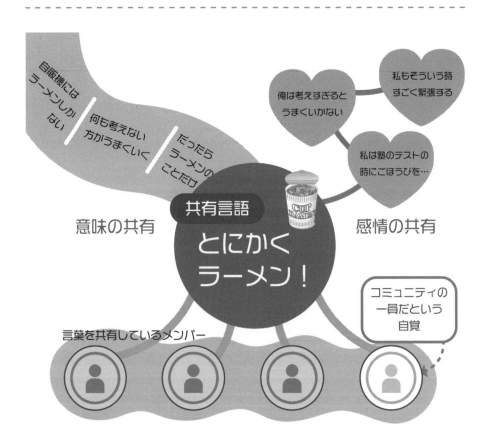

共同性の中に身を置けたヒロキ君

　ヒロキ君が，1班の他のメンバーの日直の仕事を助けていたのです。声が通りづらいその子に変わり「聞いてー」と呼びかけています。さらにその翌日には，近くの子の学習用具をまとめて準備している様子が見られました。

　さらに，全体への貢献も増えはじめました。体育の準備をしたり，食缶の片づけを手伝ったり。みんなもそんな変化に気が付いたようで「ヒロキくんのおかげでクラスが成り立っている」と日記に書いた子も現れたほどです。

　そして，1週間後の理科の時間のことです。次の実験へ向けてみんなでキットを組み立てていました。しかし，それが中々うまくいかないヒロキ君。すくっと立ち上がったのを見て，私は「また文句を言いにくるかな」とお決まりのパターンを想像しました。しかし彼はこちらへは，やってきませんでした。代わりに，あのラーメンスイマーの元へ向かったのです。「分からない，助けて」…彼のはじめての援助要請でした。**輪をつくって，一緒に問題を見つめ合った時間によって，彼は共同性の中に身を置くことができた**のです。再度取ったアンケート。ヒロキ君の得点は学級で一番伸びていました。

コミュニティの一員だという自覚

　ヒロキ君が変わっていくことができたのは，決して偶然ではありません。オープンダイアローグの創始者ヤーコ・セイックラ（2015，斎藤訳）は共有言語への参加（意味と感情の共有）が「コミュニティの一員としてのアイデンティティをはっきりさせてくれる」と述べています。今回のヒロキ君のグループの話し合いで導き出された「とにかくラーメン」は，まさしくこの共有言語です。この言葉に込められた意味を理解しているのは，その話し合いに参加したものだけ。また，それぞれの感情をシェアし合ったからこそ生まれた言葉でもあります。そんな複雑で曖昧な意味と感情を共有（シェア）していることが，ヒロキ君に自分も「このコミュニティの一員だ」という自信をもたせたのでしょう。そしてその自信が行動の変化につながったのです。

分析

06 「シェアのつながり」にも深まりはある

Point >>

知識，感情，意志など目に見えないものを大切に共有していくことで

「シェアのつながり」は深まっていく。

SHARE 01 物体の共有

具体的な物体の共有　机、椅子、教室

SHARE 02 時間的共有

ともに時間を過ごすこと　授業、行事

SHARE 03 空間的共有

パーソナルスペースを重ねること　話し合い等

SHARE 04 知識の共有

言語化された概念の共有　学級のルール、価値観

SHARE 05 感情の共有

喜び・嬉しさ・悲しみなどの情動の共有

SHARE 06 意志の共有

目的・目標　学級目標や学級の理想

近藤（2010）をもとに作成

シェアのつながりにも深まりはある

「シェアのつながり」は，決して浅いつながりではありません。一緒にトイレに行って，悪口を言い合うことでつながっている「浅いナイショのつながり」があるように，シェアするつながりにも深まりは生まれるのです。その鍵を握るのは，**何をシェア（共有）しているのか**ということです。

共有体験の研究をしている近藤（2010）は共有の進展を左図のように6種類に分けて整理しました。まず，教室にいる子ども達は，机や黒板，そして教室という「物体の共有」をしています。また，一緒に授業を受けたり，行事に参加したりと「時間的共有」をし，班活動をしたり，ペアで話したりする中で「空間的共有」を重ねています。これらはどのクラスにも共通しています。

見えないものをシェアしていく

4つ目は「知識の共有」です。確かにつながりのある学級には「話を真剣に聞かないと相手を傷つける」「小さな思いやりでも相手を幸せな気持ちにできる」といった言語化された概念が共有されています。

そして，5つ目は「感情の共有」です。同じ映画を見た時にその感想を話し合ったり，スポーツの試合を振り返ったりすると，なんだか関係が深まったように思えます。また嬉しさや悔しさを共有したチームの仲間と，今でも親交が続いているなんていう話を耳にする機会はたくさんあります。学級でも毎日の生活や，学校行事で抱いた気持ちをたくさんシェアすることができれば，シェアのつながりは進展をしています（具体例として，日記を使った実践を pp.130-131 に掲載してあります）。

最後に「意志の共有」です。「子どもの気持ちを大切にしたい」「笑顔あふれる学校にしていきたい」…みなさんも，きっと仲間と感じられる相手とはなんらかの意志を共有しているはずです。これは，子ども達もきっと同じ。学級目標やクラスの課題など目に見えないものを大切に共有していくことで「シェアのつながり」を深めていくことができます。

見るだけでつかむ！

第5章

個別のアプローチ戦略

―この子もあの子もつながりの中へ

「一人でいたい」子
へのアプローチ
(p.94,96,98)

一部の相手としか
関われない子への
アプローチ (p.100,102)

他者とつながれる子
を一人でも
増やしていく (p.108)

「個別のアプローチ戦略」

話すことが苦手な子
へのアプローチ
(p.104)

「静かな子」が活躍
できる機会をつくる
(p.92)

グループ活動で
揉め事が起こった時
のアプローチ (p.106)

学級全体につながりを広げるためには、
関わりが苦手な子ども達に向けた
個別のアプローチが必要

第5章 個別のアプローチ戦略——この子もあの子もつながりの中へ

戦 略

3|

「静かな子」が活躍できる
機会をつくる

Point ≫

外向的な子と，内向的な子の間に分断が生まれないように，学級の活

動の中に内向的な子が光るような活動をデザインする。

外向的なタイプが活躍する「学校」

　教室には元気いっぱいな子ども達もいれば，物静かな子ども達もいます。どちらも大切な子どもの個性なのですが，学級の和やまとまり，生き生きとしたグループ活動等を求めようとすると，どうしても明るく笑顔が絶えず，学級活動や他者との交流に積極的な子を好ましく思ってしまう傾向があります。挙手をして発言したり，仲間と意見を交わしたりと，学校には外向的なタイプが活躍する機会がたくさんあるからです。逆に内向的で，人との関わりが苦手な子への対応は難しく，苦心したり，もっと色々な活動をしたいのにと苛立ってしまったりすることもしばしば起こります。

内向的な子も参画できる仕組みを

　しかし，そうした子達を無視して学級の活動を展開していっても，学級全体のつながりは築けません。むしろ外向的な子と，内向的な子の間に分断が生まれてしまうでしょう。そのため，**学級の活動の中に，内向的な子が光るような活動をどれだけイメージできるか**が大切になります。

　例えば，本学級には日記掲載型の学級通信があります。この通信では子ども達が書いた日記の中から，みんなに広げたいと思った２つを抜粋し，掲載しているため，普段挙手をして発言しないような子達の考えを学級全体に広げることができます。即座に言葉を発することが苦手な子ども達がじっくりと書いた文章は，その分深く味わいがあるので，それを読んだ子ども達から「あー，なるほどね」「うわっ，これめっちゃ深くてかっこいい」なんていう声が聞こえてくることもたくさんあります。

　学級への参画の仕方は人それぞれ。係活動でこつこつと仕事を進める能力を発揮する子や，学級活動で使う道具を丁寧に作り上げる子。話をじっくりと聞いてくれる名聞き役や，イラスト上手な学級のデザイナー。そんな静かな活躍を見せてくれる子達が出てくると，学級は一気に色づきます。そして何より，人を区別するような価値観が取り払われていくのです。

Analysis

分析

07 「一人でいたい子」は本当に一人でいたいのか

Point >>

「一人でいたい」子の気持ちを尊重することは大切だが，その言葉が

本当にその子の願いなのかは分からない。

一人でいたい子ども達

　学級の中には，グループの活動に取り組むのが苦手だという子ども達もきっといることでしょう。「みんなといるのは苦手」「一人でいたい」という子ども達を無理やり取り組ませることによって，安心感を損ね，居場所を奪ってはいけませんから，細心の注意が必要です。

　しかし，最近この「一人でいたい子」の扱いに疑問をもつことが出てきました。それぞれに合った最適な学び方を大切にする中で「好きな子同士で協力して学ぶ」「一人でいたい子は一人で学ぶ」というような分断が生まれてしまうケースが増えている気がするのです。

本当に一人でいたいのか

　例を挙げてみたいと思います。教師が「同じ意見の人と集まりましょう」と指示をしました。子ども達は素早くグループを組んでいます。しかし，良く見ていると，ほとんどの子が目配せをしています。どうやら裏で打ち合わせをしているようです。そんな中一人の子がぽつんと立っていました。教師が「○○さんの意見は何？」と尋ねると，「私は一人でやりたい」とつぶやきました。「そうなのね，それなら…」と教師は丁寧に対応し，席を用意してくれましたが，その子はちらっ，ちらっとみんなの方を見ると机に伏せてしまいました。周りの子ども達は楽しそうに輪をつくって話しています。

　さて，この子は本当に一人でいたかったのでしょうか。子どもが発している言葉は「一人でいたい」であったとしても，その子の訴え（本心や，自分自身でも上手く言語化できていない理想）はそうではない可能性があります。

　認知心理学者の佐伯（2017）は，こちらの「構え」を解いて，自然に伝わってくる「情感」を感じれば，ごく一部でも，「訴え」がメッセージとして伝わってくると述べています。つまり，**「一人でいたい子」というラベル，構えが生まれたことで，その子の本当のメッセージを見落としてしまう**可能性があるのではないかということです。

Strategy

戦略
32 グループ活動への捉え方を変えていく①

Point »

質問を重ねながら，その子の捉え方がどのような背景からきているのかを考える。

今までの彼の物語

今の彼の捉え方

「一人が良い」「絶対揉める」

一人でやるからいいという怒り

「一人でいたい」という子が，本当にただ一人が好きだというだけかどうかは分かりません。この日は，3週間後に迫った宿泊学習に向けて，グループ決めをしていました。みんなで輪をつくって話し合っています。しかし一人の子がその輪に入ろうとしません。見かねて声を掛けてみると「先生，俺は一人でやるからいい！」と怒りを露わにしました。「絶対揉めるから一人で回る」「結局話し合ったって決まらない！」と叫んでいます。

言葉の背景にある物語

彼の言葉を聞くことは大切です。しかし，一人でいたいという要求をのむことが彼のためになるとは限りません。私は，いくつか質問をしてみました。

T 「なんで絶対揉めると思うの？」

C 「みんなが勝手ばっかりするから，うまくいくわけがないんだって」

T 「そうか。揉めちゃうのって，チームみんなの問題だよね。○○は揉めるのを見るのが嫌いってこと？」

C 「いや，それもそうだし，大体俺が悪いってなるから」

みんなが好き勝手な行動をしてグループ活動がうまくいかなかった経験と，声の大きな彼に責任がいってしまった過去が見えてきました。また，そんな自分がチーム分けの時に疎まれているかもしれないという不安も感じられます。そんな彼自身の物語から「一人でいたい，グループでやりたくない」という捉え方が生まれているのでしょう。そこで，こんな提案をしました。

揉めるのは全員の問題だし，そもそも揉めることだって時には大事だと思っている。だから○○を責めることはしないよ。それから，自分勝手をなくしたい，って思えているのはすごく良いこと。だから，そういう考えを一緒に広げていこう。今だってほら。みんなの意見を聞こうとしている子がいるよ。だから，○○がその子達の横に立つだけで，雰囲気が変わるよ。

彼は，黙ってうなずくと話し合いの方へと歩みを進めました。

Strategy

戦略 33 グループ活動への捉え方を 変えていく②

Point >>

グループ活動に対するマイナスなイメージを，ポジティブな言葉に言

い換える。

みんな勝手　自分は避けられている

発見・言い換え

自分勝手な行動を
なくそうと思っていた

周りを見ている人は？

枠組みを変える
アプローチ

勝手な行動を減らすために

発見

自分のせいにされる
ことが多かった

His Story

厄介者のまっすぐな訴え

「誰と一緒でも良いからくじにしたい」という子が何人か出てきたこともあり，グループはすんなりと決まりました。彼もそのうちの一人でした。当日も，ルールと他者を大切にする彼の活躍もあって活動はうまくいきました。

こんなことを繰り返しながら，彼はだんだん学級の中で一目置かれる存在に変わっていきます。怒りとしてしか表せなかった正義感を，「それは〇〇がかわいそう」「その言い方は良くない」「それじゃ公平じゃない」と伝えられるようになったのです。「一人でいたい」と言っていた"厄介者"が抱えていたのは「みんなの気持ちを大切にしたい」というまっすぐな訴えでした。

あらすじを書き換える

今回，彼に行ったアプローチのもとになっているのは**「ナラティブ・アプローチ」**（野口，2002）という考え方です。「一人でいたい」という言葉は嘘ではありません。おそらく本当に一人でいた方が楽だと思っていたのでしょう。しかし，その解釈は彼の過去や経験という自身の物語から生まれています。例えば，もし仮に彼がグループ活動で良い思いをたくさんしてきたのであれば「一人でいたい」という思いは生まれてこないはずです。彼の物語が，この解釈の枠組みをつくっています。

そこにある問題を，質問を繰り返しながら，一緒に見つめていきます。今回で言えば，勝手な行動が許せない彼の気持ちや，自分のせいになってしまうケースが多いことが浮かび上がってきています。そして，そのイメージの言い換えを図っていくのです。今回で言うと彼のグループ活動に対する「みんなが勝手ばかりしてうまくいかないし，その責任を自分のせいにされてしまう」というイメージを「自分勝手な行動を減らし，みんなを大切にする考えを広げていくためにするもの」というように置き換えていきます。

その言葉に嘘はなくても，それが本当の願いではないという場合もあります。一人でいたい子のうち，一体何人が本当に一人でいたいのでしょうか。

Analysis

分析
08 一部の相手としか関われない子には どうすればいいのか

Point >>

教師との関係づくりからスタートして，少しずつ他者と関わることの
良さを見せていく。

一部の相手としか関われない子ども

　また，最近気になるのが，ごく一部の相手としか関わりを築けない子ども達の存在です。関わることそのものが苦手というわけではないのですが，「あの席，無理」「今回のグループ話せない」という言葉を口にする子ども達が増えたように思います。また，そうやって口には出さずとも，他事をしたり，好きな子とだけ話したりして，グループ活動への不参加を表明している子ども達もいます。学級全体につながりを広げていこうとするのであれば，こういった子達への個別の声掛けが必要です。

　では，みなさんは，こうした子ども達に対して，どのようなアプローチをされるでしょうか。同僚に尋ねてみたところ**「まず，自分との関係づくりからですかね」**と答えてくれました。とても効果的な作戦だと思います。先ほど引用した佐伯（2007）はまた，「自分が親しみ尊敬している人が，自分ではつまらないものと思えるようなものに感心して「すごいな」といっているのを見ると，自分も「ひょっとして，これすごいのかもしれない」と思い，その良さが分かるようになりたいと願う」と述べています。確かに自分のことを良く分かってくれる人が「これ，すごいんだよ」と何かを紹介してくれたのであれば，ぜひ見てみたいと思うものです。

グループ活動が苦手なカナさん

　カナさんという女子児童がいました。いつもは，話が合う一部の女子児童と楽しく会話を繰り広げていますが，グループ活動が大の苦手。ペア活動では，他事を始め，グループ活動では輪から外れてこちらの元へやってきてしまいます。「あの席，無理」「今回のグループ話せない」。冒頭のような言葉をいつも言っていました。

　ただ，こういう愚痴を吐いてくれることはありがたいことです。なぜなら彼女と話をすることができるからです。もし，こういう愚痴を陰で言っていたとしたら，もっと問題は大きくなってしまいます。

Strategy

戦略 34 一部の相手としか関われない子への アプローチ

Point »

その子の話を受け止めながら，少しずつ「他者の世界」の良さが垣間見えるようにする。

他者と関わる良さを垣間見ることができるように

愚痴は聞いても悪口は聞かない

　もちろん，最初から愚痴を言いに来ていたわけではありません。慣れない相手との関わりが苦手な彼女ですから，そんな自分のマイナス面をいきなり開示することはありません。「あぁ，グループの活動あんまり好きじゃないの？　先生も仕事では頑張れるけど，結構人見知りなんだよね」などと共感を示したり，マイナスな気持ちを否定せずに聞いたりしているうちにだんだんと，そんな愚痴を言いに来てくれるようになってきました。

　もちろん，愚痴を否定せずに聞くからといって全ての文句を許すわけではありません。例えば「だってあの子最悪だから」のような悪口には共感を示しません。そこは譲らず「上手く話せないんだね」「まだ話が合わないのか」と言い換えを図ります。

他者の世界の良さが垣間見えるように

　そして，話を聞きながら少しずつ「他者の世界」の良さが垣間見えるようにしていきます。「あぁ，あの班は最初沈黙してたのに，話し出したね。慣れると楽しくなるのかな」「あの子達はさ，普段はあんまり話してない。でもこういう時はなんだか盛り上がっているね」「普段一緒にいない男女で話していると気を遣わなくていいから楽なんだろうね」。そんな言葉をつぶやきます。もちろん，本人の背中を押すことも忘れません。

　カナさんはさ，それだけみんなのことをよく見ているんだから，きっとこういう場で活躍できるんだよね。だって，あの子はこんなこと考えてるのかなとか，これを思ってるのかな，っていうことを気にしているんだから。中々そこまで考えない。だから，それをプラスに生かせたら良いなぁって思うんだよね。

　そんなふうに，期待感を示すことを心掛けていました。「先生，今の班すごく盛り上がってるでしょ。私のお蔭かもしれないよ」数日後，カナさんが笑顔で言いに来ました。いつしか物静かな子に声を掛けるようになった彼女の姿を思い出しながら「そうかもしれないね」と笑い返しました。

Strategy

戦略

35 話すことが苦手な子への アプローチ

Point >>

その子にブレーキをかけている事がらが何であるのかを見究め，その

ブレーキを少しずつ取り除いていく。

何がブレーキになっているかを考える

 **例1**

話を聞かれる時の雰囲気が苦手
「聞こえません」「もっと大きな声で言ってください」
が大きなプレッシャー

みんなが安心して話せるにはどんな聞き方が良いかを
学級会などの全体の場で話し合いルールや目標を決めておく

 **例2**

先生自体がプレッシャーに
怒られないとは分かっていても、近くに来たり、待たれたり
することが圧になっている

絶対に無理強いしない。話せなくても良いというスタンス
日記やノートのコメント返しや、休み時間の遊びなどを通して
安心感を少しずつ高めていく

 **例3**

自分のペースがあるが、周りが「どう？」「こうだよね」
と先回りして気を遣ってくれるために、何も言えずにいる

係の仕事や、右ページのペア活動のようにその子が主体的に
ならざるをえない場面をつくってみる

話さない子，話せない子

　また，もっと言葉数の少ない「話せない子」「話さない子」についても考えてみたいと思います。まず，治療が必要だったり，専門家の意見を聞いたりしなければいけないケースもたくさんあることを先に述べておきます。しかし，中には環境や配慮によって状況が変わることもたくさんあります。

　授業名人として名高い野口（1981）は，話せない子・話さない子の多くが家庭や仲良しとの間ではお喋りができることを例に挙げ，「ブレーキを取り除きさえすれば，きっと話すようになるはずだ」と述べました。**恥ずかしさや上手く話せない劣等感，人間関係や勉強の難しさ**が子ども達の発言にブレーキをかけているのです。そして「その子にブレーキをかけている事がらが何であるのかを見究めて対策を立てること肝腎」だと言います。

どこにブレーキがあるか

　かつて１年生を担任していた時。このような話すことが苦手な子と出会ったことがありました。休み時間になると鬼ごっこをしたり，誰かの冗談に笑ったりしているのですが，いざ誰かと話し合う場になると固まってしまいます。幼稚園の時もそうだったという話を聞きました。

　その学級にはもう一人，座席に座っていられない子がいました。嫌なことがあると，壁にもたれ掛かったり，逃げ出してしまったりします。ただ，そんなことがあった時には，ありがたいことに何人かの子が助けに来てくれていました。そして，その中にはあの話すことが苦手な子の姿もありました。

　そこで，思い切ってこの２人を話し合いのペアにしてみました（困った時に助けを求めに来ることはできていたため）。すると，活動の度に「分かる？」と声を掛けにいくのです。「ありがとう，○○さんのおかげで△△くんが逃げ出さなくなったね」と声を掛けました。思えば，この子の周りにもまたいつもお世話を焼いてくれる子達がいました。もしかしたら，ブレーキになっていたのは，自分は必要なのかなという迷いだったのかもしれません。

戦略

36 グループ活動で揉め事が起こった時の アプローチ

Point »

揉め事を避けるのではなく，そこから何を学んで，これからどうして

いくかを大切にする。

グループ活動が億劫になってしまうことも

　他者との関わりに積極的で，自分の意見を伝えられる子ども達にも課題はあります。例えば主張の強い子が複数いた場合，「揉め事」が起こる可能性が非常に高いです。「俺の話を聞いてくれない」「あいつが勝手なことばかり」…仲裁に入り，そんな言葉を聞いているうちに，グループ活動自体が億劫になってしまうこともあるのではないでしょうか。しかし，揉め事を避けていては，子ども達は本当の意味での関わる力を身に付けていくことはできません。逆に，その**揉め事の中にこそ学ぶべきことがたくさんある**のです。

揉め事は起こるもの

　この揉め事に対するイメージチェンジをすべきなのは，教師だけだはありません。実際に揉め事に直面する子ども達にも，揉め事をマイナスなことばかりだと思わないようにしてほしいのです。そこで，

 これから先，新しいクラスや部活，友達グループや会社で誰かと関わっていると，必ず揉め事は起こります。それぞれに考えがあるんだから，それがぶつかったり，すれ違ったりするのは当たり前です。だから大切なのは，その揉め事をどうやって乗り越えていくかということです。

と話をしておきます。こうすることで，周囲の行動が変わり，話を聞いたり，仲裁に入ってくれたりする子が増えることでしょう。

　また教師が仲裁に入る時にも，互いの「関係性」に目を向けさせる声掛けをします。もちろんどちらかに明らかな非がある場合は個別の指導が必要ですが，互いに相手が悪いと言い合っているような場合には，

 どちらかが悪いかを決めたいんじゃなくて，2人の間にある問題をなんとかしたい。先生は2人が次からうまく関われるようにしてほしい。お互いに何に気を付ければいいと思う？

というように，視点を両者の関わり方へ向けさせ，この揉め事からこれからの関わりが変わっていくように働きかけていきます。

戦略 37
他者とつながれる子を
一人でも増やしていく

Point »

他者とうまくつながることのできない子ども達を，一番大きく変える

ことができるのは「他者とつながれる子」の存在。

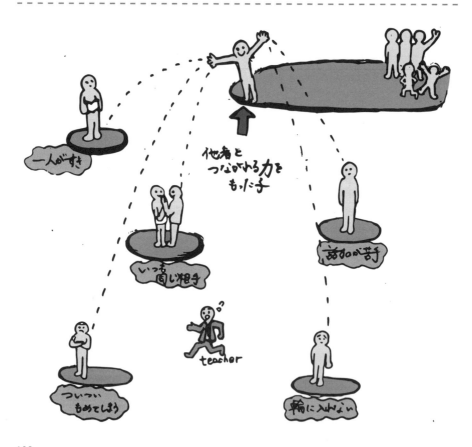

必要な個別のアプローチ

　静かな子。一人が好きな子。話すことが苦手な子。輪に入ることができない子。自己主張が強すぎる子…。学級には他者とうまくつながることができない子ども達がたくさんいます。そして一人一人がそれぞれの理由を抱えています。そのため，この章で取り上げてきたような個別のアプローチが必要不可欠です。しかしたくさんの子ども達に対して教師は一人。全員に必死に働きかけていっても，たくさんの時間がかかってしまいます。

他者とつながれる子の存在

　私は，いつも業間休みに外遊びを一緒にしているのですが，そうすると時々何人かの子ども達が「今日は○○を連れてきたよ～！」と新たなメンバーの手を引いてきてくれることがあります。こちらがどれだけ声を掛けても中々動かなかった子でも，仲間の声掛けがあると喜んで外に出てきます。

　また，ミヤコさんは「先生，あの○○って大人しいと思うじゃん！　でもね，時々すっごい面白いこと言うんだよ！」「△△さんっていつもムスッとしてるからさ，話すの苦手なのかなーって思ってたんだけど，冗談言うとねめっちゃ笑うんだよ！　先生今度見てて！」と，いつもクラスの仲間の意外な長所を伝えに来てくれます。そんな捉え方ができる彼女が近くにいるだけで，周りの子は表情が変わります。彼女のいる班がいつも和気あいあいとしているのも，偶然ではないでしょう。

　他者とうまくつながることのできない子ども達を，一番大きく変えることができるのは**「他者とつながれる子」の存在**です。こういう子ども達がクラスの中にたくさんいれば，関わりが苦手な子がいても学級全体に輪が広がっていきます。きっと，みなさんにもそうした実感があるはずです。学級経営がうまくいっている年には，必ずこうした「他者とつながれる子」の存在があります。では，この他者とつながれる資質は，学校生活の中で育むことができるものなのでしょうか。続く第6章で考えてみたいと思います。

共同体感覚戦略

─つながれる子を育てる

「つながれる人」はどんな感覚をもっている？
→ (p.112)

自分のことだけでなく、他の人にも関心がある

みんなの中に自分がいる
あの子もこの子も「みんな」の一人

WE

共同体感覚

「WE」の感覚を
もたせる
(p.114)

積み重なっていく
掲示物で所属感
を高める (p.116)

貢献感を得ること
ができるような
仕掛けをつくる
(p.118)

「共同体感覚戦略」

共同体感覚を高めるために必要な共感能力とは
→ (p.120)

KEYWORD

共感「他の人の目で見て、他の人の耳で聞き、他の人の心で感じる」

エンパシー（empathy）		シンパシー（sympathy）
その人の立場だったらどうだろうと想像して理解する能力。	意味	誰かをかわいそうだと思う感情。同感。共鳴。
かわいそうだと思わない相手でも、同じ意見や考えをもっていない相手でも行うことができる。	対象	かわいそうだと思う人、考えや理念に支持や同意ができる人に対して生まれる。

高めるためには？

「自分の身になってくれる人」に教師がなる①②
(→p.122,124)

その子の立場になって考える言葉掛けをする
(→p.126)

エンパシーの価値を言葉にする
(→p.128)

文章を通して，その子の身になる機会を増やす
(→p.130)

09 「つながれる人」はどんな感覚を もっている？

Point ≫

　他者とつながれる人は「共同体感覚」をもち，自分のことだけを考え

るのではなく，他の人にも関心をもっている。

煽られた

にらんで
きた

俺が
○○しようと
思ったのに

この子なら
どうするかな

あの子は
どう
考えているかな

他者とつながれる人がもつ感覚

　学級全体につながりを生むためには，一人一人を他者とつながることができるようにしていくことが大切です。もしそうなれば，子ども達は学級を離れても，誰かとつながりながら生きていくことができるでしょう。

　では，みなさんは他者とつながることのできる人と聞いて，どんなイメージをもたれるでしょうか。関わり方が上手，話しやすい，笑顔が絶えない…そんな明確なスキルももちろん大切です。しかし私は，もっと根っこにある他者の捉え方や感じ方に大きな違いがあるように思えるのです。

　例えば，クラスの誰かに良いことがあった時。何人かの子ども達は，一緒になって嬉しそうにしています。逆にクラスの誰かが悲しげな表情をしている時には，心配そうな顔をして見つめています。他者とのつながりを築いていける子ども達は，こうして他者の気持ちを大切にしています。

　一方で，他の人が何をしていようと関係ないという子もいます。周りが嫌な思いをしていてもお構いなしにわがままを言ったり，自分の利益ばかりを求めたり。そうしているうちに，だんだん孤立していってしまいます。

共同体感覚

　アドラー（岸見訳，1996）はこの「自分のことだけを考えるのではなく，他の人にも関心をもっていること」を**「共同体感覚」**と呼びました。私はアドラー心理学を専門にしているわけではないので，取り上げるかどうかを迷ったのですが，やはりつながりを考える上で避けては通れない言葉でした。

　「あいつが煽ってきた」「あの子がにらんできた」「俺がしようと思っていたのに」…最近耳にする機会が増えたこんな言葉たちも，関心が自分にしか向いていないことに原因があるのではないでしょうか。おおげさに言ってしまえば，**他者を"敵"や"もの"のように扱ってしまっている**のです。こうした冷たさを打開するためには，「この人ならどうするだろう」「あの人はどう考えているのかな」という他者への関心が必要なのです。

戦 略

38 「WE」の感覚をもたせる

Point »

「みんなの中に自分がいること」「あの子もこの子も，みんなの中に含まれていること」を強調していく。

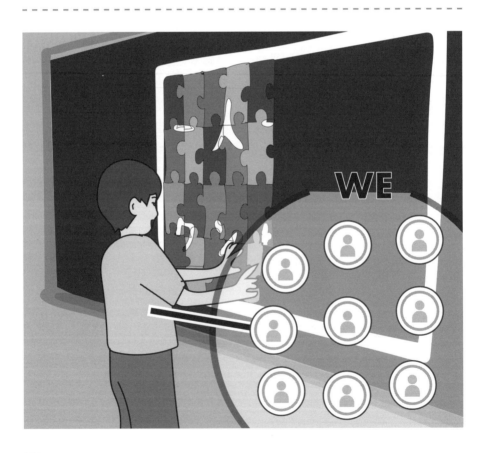

主語がWE

　自分にばかり関心を向けてしまう子ども達と，他者に関心が向けられる子ども達。この違いをよりはっきりとさせるために，共同体感覚が高いとされる子ども達（高坂（2014）の小学生版共同体感覚尺度を活用）の日記を1年に渡って分析してみました。すると，ある種の言葉を多用していることに気がついたのです。

　それは**「WE」**を表す言葉です。「私たちは」「みんなが」「6-1は」というように，日記の主語が自分たちに変わっているのです。集団のことを「自分達」と見ているから，その中の一人に関心を向けて，大切にすることができるのでしょう。ではどうすればこの「WE」の感覚をもたせることができるのでしょうか。大切なのは「みんなの中に自分がいること」「あの子もこの子も，みんなの中に含まれていること」を強調していくことです。

「首を突っ込んでしまう子」の涙

　そんな思いで取り組んでいるのが学級目標完成式という実践です。学級目標の掲示物を完成させる前に，みんなで少しずつ手を加えていくこの実践。今回は「一人一人がワンピース」という目標だったので，一人一人好きな色を塗ったピースをはめ込み，パズル型の掲示物を完成させました。

　順番に黒板の前に立つ度に自然と拍手が起こります。「おーっ，良い色」「イェーイ！」と一人一人を学級の一員として歓迎しているような声もたくさん聞こえています。時間は掛かりますが，その分温かな空気が流れます。

　半分くらいが貼り終えたころでしょうか。一人の女子児童が机に顔を伏せました。よく見ると目を真っ赤にしています。よく「人の問題に首を突っ込んで」トラブルになってしまったことがあったという彼女。それだけ，他者に関心を向けていたのでしょう。本当は，ただみんなのことを大切にしたかっただけなのかもしれません。だからこそ，彼女は実際に「何があってもみんなのことを見捨てない」学級にとって欠かせない存在になっていきました。

戦略 39 積み重なっていく掲示物で所属感を高める

Point »

学級の物語が積み重なっていくことを実感させることで，当事者意識

を高め，学級を「自分達」と捉えられるようにする。

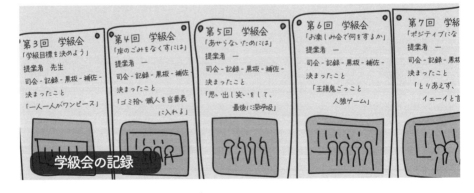

思い出総選挙

April 4
- 六年の道の第一歩
- 日記がスタート
- 学級会始動
- ソーラン節 筋肉痛とともに
- 最後の遠足 #ただいま足パンク中

May 5
- 「晴れ」舞台 小学校最後の
- ついに決定 学級目標
- 学級目標完成式 大感動の

June 6
- サバイバルに強い? 6の1
- みんなで協力 調理実習
- ○小遺産 地獄のシャワー
- たくさん話した「川とノリオ」

学級の物語とともに積み重なっていく掲示物を

第3回 学級会
「学級目標を決めよう」
提案者 先生
司会 - 記録 - 黒板 - 補佐
決まったこと
「一人一人がワンピース」

第4回 学級会
「床のごみをなくすには」
提案者 ―
司会 - 記録 - 黒板 - 補佐
決まったこと
「ゴミ拾い 職人を当番表に入れる」

第5回 学級会
「あやまらないためには」
提案者 ―
司会 - 記録 - 黒板 - 補佐
決まったこと
「思い出し笑いをして、最後に深呼吸」

第6回 学級会
「お楽しみ会で何をするか」
提案者 ―
司会 - 記録 - 黒板 - 補佐
決まったこと
「王様鬼ごっこと
人狼ゲーム」

第7回 学級
「ポジティブにな
提案者 ―
司会 - 記録 - 黒板
決まったこと
「とりあえず、
イェーイと言

学級会の記録

思い出総選挙

このWEの感覚をもたせるために，もう1つ取り組んでいるのが**「思い出総選挙」**という実践です。まず，その月の思い出を表す言葉を募集します。心に残る，馴染みやすい言葉になるように，語感やリズムを工夫するように伝えています。運動会を「小学校最後の"晴れ"舞台」と表現したり，流行りのハッシュタグを生かして，遠足の疲労を「#ただいま足パンク中」と表したり。子ども達のアイデアの豊かさに驚きます。

その後，みんなが応募した思い出を言い表す言葉から，投票で4つを選出します。「ああ，そんなのあったねー」「これは選びきれない」そんな声が挙がる投票の時間も学級にとって良い時間です。そして実際に選出された言葉は，図のように背面黒板の上に掲示していきます。一月に4枚ずつ増えていくので，学期末には40枚以上もの思い出が並ぶことになります。

積み重なっていく掲示物

また，このようにだんだんと積み重なっていく掲示物は他にもあります。例えば，**学級会の記録**です。大体週に一度学級会をしているので，こちらも年度末には30枚以上の記録が並ぶことになります。

ポイントは毎月毎月，掲示物が増えていくということです。少しずつ掲示物が増えていく過程を目にすることで，学級の物語が積み重なっていくことを実感することができます。その積み重ねをともにすることが当事者意識を高め，学級を「自分達」と捉える感覚につながるのです。

どれだけ雰囲気が良く優しい集団だったとしても，後になって集団に参加したのであれば，どこか部外者のような感じがします。大切なのは少しずつ変わっていく，成長していく物語を共にしていることです。

3月にみんなで大掃除をして，積み重なった掲示物を剥がしていくと「あぁー」「取っちゃうの」といった声が聞こえてきます。それだけこの掲示物が集団への愛着と，WEの感覚を高めてくれたということかもしれません。

40 貢献感を得ることができるような仕掛けをつくる

Point »

みんなの役に立ちたいと思った時に，すぐに利他活動ができるような

仕掛けを学級にいくつか設置する。

> 今日○○君がお茶をこぼしてしまった時。みんなが雑巾を持ってきたり、お茶をふいたりしていてすごいと思いました。
> みんなでみんなを大切にするには、みんなを仲間だと思うことが大切です。しょうがなくやるんではなくて、仲間の役に立とうという気持ちが大切だなと強く感じました。

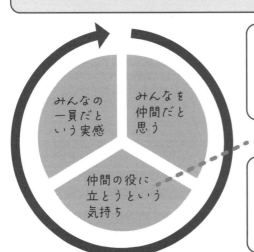

みんなの一員だという実感

みんなを仲間だと思う

仲間の役に立とうという気持ち

いつでも使える捨て雑巾

こぼれているのが見つかったら
すぐにこれを持ってかけつける
ことができる

捨てる前のものをストックしておく

すぐに行動に移せる仕掛け

学習帳置き場と配達係撤廃

まとめて管理している学習帳が
あるが、配る係はいないので
いつも任意で誰かが配っている

（ただし一部の負担になるようなら再考すべき）

貢献感が一員である証明になる

今日○○君がお茶をこぼしてしまった時。みんなが雑巾を持ってきたり，お茶をふいたりしていてすごいと思いました。みんなでみんなを大切にするには，みんなを仲間だと思うことが大切です。しょうがなくやるんではなくて，仲間の役に立とうという気持ちが大切だなと強く感じました。

　ある子が，お茶がこぼれてしまった時のクラスの動きをこんなふうに日記に書いてきたことがありました。これぞまさしく共同体感覚。この子の分析力と，言語化能力に脱帽です。子ども達にこのような話をしたことはなかったので，この子が自然に感じたことを言葉にしたのだと思います。

　ＷＥの感覚をもち，みんなを仲間だと思えると，この日記に書かれているような利他行動が増加してきます。そんな仲間を見て，自分もやってみようと思ったり，仲間から受けた思いやりを今度は自分が返そうと思ったり。学級内には良い循環が生まれてくるでしょう。こうなると，学級の雰囲気は本当に温かくなり，その場にいるだけでなんだか気持ちが和らいできます。

　何より，自分がみんなのために何か貢献できているという事実が「一員であること」の証明となり，ＷＥの感覚をさらに大きくしてくれます。

すぐに貢献できる仕掛け

　そこで，役に立ちたいと思った時に，すぐにみんなへの貢献ができるような仕掛けが学級にいくつかしてあります。例えば，学級には「捨て雑巾」といった，本来だったら捨てるはずの使い古した雑巾がストックしてあります。上の事例でも，何人かの子が捨て雑巾を取りに行きこぼれたものを拭いていたようです。取るべき行動がはっきりしていれば，後は少しの勇気が必要なだけ。誰でも利他行動を取ることができます。他にも配達係をつくらないことで，誰でもみんなのノートが配れるようになっていたり，朝の宿題返却が列ごとにまとまっていたりと，**少しでもみんなの役に立ちたいと感じた時に，行動に移せるような余白**を教室の中につくっています。

分析 10 共同体感覚を高めるために必要な共感能力とは

Point ≫

共同体感覚を高めるのに必要な共感能力とは，仲の良い誰かに同情す

る気持ちではなく「他者の靴を履いてみる」能力であるエンパシーのこと。

「共感」の線引き	エンパシー（empathy）	シンパシー（sympathy）
意味	その人の立場だったらどうだろうと想像して理解する能力	誰かをかわいそうだと思う感情・同感・共鳴
性質	身に付けることができる能力	内側から湧き出てくるもの
対象	かわいそうだと思わない相手でも、同じ意見や考えをもっていない相手でも行うことができる	かわいそうだと思う人、考えや理念に支持や同意ができる人に対して生まれる
心の動き	この人はどうしてこんなことを言ったんだろうどんな背景があったんだろう	分かる！そうだよね「いいね」かわいそう

120

鍵を握る共感

そして，もう１つ。この共同体感覚の鍵を握っているのが**「共感」**です。

アドラーは「他の人の目で見て，他の人の耳で聞き，他の人の心で感じる」共感能力を重要視しました。あの子の辛さに共感できるからこそ，助けようとすることができるし，あの子の嬉しさが分かるからこそ，一緒に喜ぶことができる。他者への共感は，共同体感覚の根本とも考えられます。ただし，この「共感」は，つながりと同じく曖昧な言葉です。よって，この言葉もまた様々な捉え方が可能です。そのため「共感ばかりしていると自分がなくなってしまうのではないか」「共感ばかりしていては，苦しくなってしまうのではないか」と疑問をもたれた方も多いのではないでしょうか。どうやらこの「共感」にも整理が必要なようです。

エンパシーとシンパシー

そこで登場するのが**「エンパシー」**と**「シンパシー」**という言葉です。英国在住のコラムニストのブレイディみかこさん（2021）は，「エンパシーは「共感」と訳されるが，シンパシーも「共感」と訳すことができる」ことを取り上げ，どちらも日本語に訳されると，同じように感情的・情緒的で「内側から湧いてくるもの」というような印象を与えてしまうことを問題視しました。

本来，エンパシーは「その人の立場だったらどうだろうと考える知的作業」であり「身に付けることができる能力」だそうです。何度も何度も「その人はどう考えるだろう」と心を寄せることで高めることができるというのです。

この本のタイトルは『他者の靴を履く』。ご子息がエンパシーの説明として使った言葉をそのまま定義として取り上げています。この「他者の靴を履く」という言葉と，「他の人の目で見て，他の人の耳で聞き，他の人の心で感じる」というアドラーの言葉。共通点を感じずにはいられません。本章では，この**エンパシー的な共感を，共同体感覚を高める手がかり**と捉えて，もう少し考えていってみたいと思います。

戦略 41

「自分の身になってくれる人」に教師がなる①

Point »

　自分の身になってくれる人と出会うことで，はじめて子どもは他人の身になることを学ぶことができる。

自分の身になってくれる人との出会いから他人の身になることを学ぶ

自分の身になってくれる人がいて

　子どものエンパシー的な共感性を高める第一歩は，教師自身がその子の身になって考えることです。佐伯（2007）は「人は自分の身になってくれる人との出会いから他人の身になることを学び，共に苦しみ，共に喜ぶ他者がいるからこそ，共に苦しみ，共に喜ぶことを学ぶのです」と述べています。**教師のエンパシーが子どものエンパシーを呼び起こす**のです。

トラブルがやまないナオキ君

　かつて担任したナオキ君という子どもは，クラスメイトとの揉め事が後を絶ちませんでした。この日はドッジボールで腹を立てて，大きな声でまくしたててしまい，口論になったようです。間に入って話を聞いても，下を向いてふさぎ込み，口を開けば「あいつが俺をキレさせてきたから」「先生には分からないんですよ」と話を聞く気配がありません。自分の話はどうせ聞いてもらえない。学校では否定され，みんなからは受け止められない。彼の言いぶりから，そんな思いが感じられました。これではらちがあかない，まずは彼の立場に立つところから始めないと話が進まない，と思いました。

　トラブルはやみません。今度は教科担当の先生が使っていた〇×の札で遊んでいた子に「貸せ！」と叫び，奪い取ったことからけんかが始まったそうです。気になったのは「貸せ」と言ったところ。トラブルは多くとも，横取りをすることは今まで一度もありませんでした。そこで，彼にこう伝えました。「ただ自分が遊びたくて，ナオキ君が取るとは思えないんだけど。何か理由があったんじゃない？」。10秒ほどの沈黙の後。ゆっくりナオキ君が口を開きました。「予鈴が鳴ってたのに遊ぼうとしてたから，戻そうと思った」。

　規則や，時間には意外ときっちりしているナオキ君。これには，納得がいきました。「うまく言えなかったんだ」と尋ねると「言い返されると，ついカッとなっちゃうんだ」と返してくれました。この日は，一度注意をして，だめだったら自分のもとに伝えにくる約束をして，話を終わりました。

Strategy

戦略 42 「自分の身になってくれる人」に教師がなる②

Point >>

問題児や厄介者，そんなレッテルを外して，その子自体がどんな考え

をもっているかを知ろうとする姿勢をもつことが第一歩。

「問題児」「厄介者」
として見る

自分も遊びたかったのか

貸してもらえないのか

普段の行いが
こういうところに
つながるよな

周りの子が傷つく
のはかわいそう

ここでビシッと
言わないともっと
ひどくなるか…

良くなろうとしている存在
として見る

人の物を横取りはしない

規律は守る

分かってもらえない
という表情

彼なりの理由が…

返そうとしていた

言い返された時の
反応に課題が
あるのかも…

ナオキ君の声

　それからも揉め事は続きましたが，その度に彼にどんな理由があったのか，どんなふうに捉えていたのかを確認しました。そして，より良い行動は何だったかを一緒に考えるようにしていきました。

　そんなある日。テストを返却している時間のことです。自分のテストの結果に納得がいかなかったのか，一人の子どもが廊下に飛び出してしまいました。「何してるの？」「教室に戻って！」。慌てて何人もの子どもが廊下に飛び出します。私は，テストの点数が原因だと推測できていたこと，姿が教卓から見えていたことから，まずは騒ぎを抑えようと思いました。しかし，それよりも先に「行かなくていい！」という声が教室に響きました。ナオキ君です。

　「うん，先生から見えているからいいよ。一人になりたいんじゃないかな。大丈夫」と全体に伝え，そのままテスト直しを始めました。教室に平穏が戻り，いつものように間違い直しが進みます。その最中，ナオキ君はちらっ，ちらっと教室の外に目をやっていました。そこで彼に目配せをして，そっと頷いてやりました。ナオキ君は静かに，廊下へ出て行き，飛び出した子の横にちょこんと座りました。

ナオキ君が示した共感

　「どうして放っておこうと思ったの？」と後から話を聞くとナオキ君は「あいつは，みんなにバーッと言われるのが嫌いなんだ」「俺も怒られる時，そうだから。気持ち分かる」と言っていました。私は，共感を示す彼を精一杯，価値付けたいと思い「分かってあげたんだね。気持ちを」と声を掛けました。

　共感性を高める一歩目は，教師が共感を示すことです。そして，そのためには「相手を「人間としてみる」ことであり，「よくなろうとしている存在」としてみること」（佐伯，2017）が大切です。**問題児や厄介者，そんなレッテルを外して，その子自体がどんな考えをもっているかを知ろうとする姿勢**をもつことが，共感力を高めることのできる教師の条件なのだと思います。

戦略
43
その子の立場になって考える
言葉掛けをする

Point ≫

どんな相手に対しても働かせることができるエンパシーは，学級に

「嫌われ者」が生まれることを防ぐ。

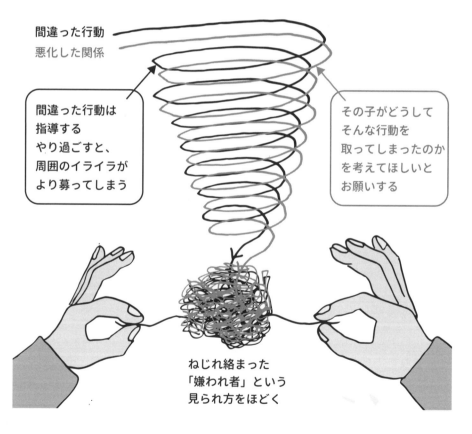

間違った行動
悪化した関係

間違った行動は
指導する
やり過ごすと、
周囲のイライラが
より募ってしまう

その子がどうして
そんな行動を
取ってしまったのか
を考えてほしいと
お願いする

ねじれ絡まった
「嫌われ者」という
見られ方をほどく

シンパシーはあるのにエンパシーがない

　先ほど「その人はどう考えるだろう」と心を寄せることでエンパシーを磨くことができると述べました。この，心を寄せる経験を子ども達にさせるには，どんな方法が考えられるでしょうか。

　この本を書くに当たり，色々な先生に子ども同士の関わりで困っていることはないかを尋ねてみました。そこで一番多かったのが，「一部には優しくするのに，ある嫌われ者の子に対してはとても冷たい」という意見です。エンパシーはどんな立場の相手に対しても働く共感ですから，この問題は**「シンパシーはあるのにエンパシーがない」**と言い換えることができそうです。

「嫌われ者」にも届くエンパシー

　「嫌われ者」の子にまつわる指導の難しさは，実際にその子が起こしている不適切な行動が，周囲にたくさんの迷惑をかけてしまっているケースが非常に多いことにあります。関係がねじれてしまっていくうちに，間違った行動でしか注目が引けなくなり，その鬱憤がさらなる関係の悪化につながっているのです。こんな負のスパイラルの中では，共感をしろと言ってもかえって子ども達の反感を買うことになってしまうでしょう。

　もしその子の行動が間違っているのなら，そのことはきちんと指導します。やり過ごすと，周囲のイライラがまた募ってしまうからです。その上で，周囲にエンパシーを働かせることを以下のようにお願いするようにしています。

　　○○くんのしたことは正しくなかったと思う。それで嫌な思いをした人もいたよね。ただ，先生からは1つお願いがある。どうして○○くんが叩いてしまったのかをみんなに考えてみてほしい。
　　みんなは，○○くんをやっつけたい？　それとも，変わってほしい？　もし変わってほしいと思うんだったら，○○君の気持ちを分かろうとすることが一番。みんなにはそんな優しい解決の仕方ができると思う。

　その子への指導をしながら，周囲にはエンパシーを求めることで，ねじれを少しずつほぐしていくようにします。

戦略

44 エンパシーの価値を言葉にする

Point »

子ども達がエンパシーを働かせている場面を見つけたら，積極的に取り上げその価値を言語化して伝える。

いつになく真剣な表情

司会をサポート

〇〇ってことね

ザワ　ザワ　ごそ　ごそ

エンパシーを働かせている場面を
言語化して取り上げることで、
その価値を広げたい

２人はずっと、司会の子達の顔を見ていたよ。
司会の２人はとても一生懸命頑張っていたから、
その顔を見て助けたいと思ったんじゃないかな。

エンパシーを取り上げる

　また，子ども達がエンパシーを働かせている場面を見つけたら，積極的に取り上げていきます。**教師がそのエンパシーがもつ価値を言語化して子ども達に伝える**ことができれば，子ども達の「他者の靴を履こう」とする気持ちを高めることができるからです。

エンパシーがもつ優しさと温かさ

　学級会の時のことです。この日司会の２人は，どちらの子も最近になって学級の活動への関心が高まってきており，この司会への立候補を機にどんどん活躍していくだろうと予感していました。しかし今回は，初めての司会とあって緊張気味。話し合いをうまく進めることができず，あっという間に時間は残り半分となっていました。しかし，教室は緊張感が欠けたゆるめの雰囲気のまま。司会の声掛けがないので，間延びしてしまい少し私語が聞こえるようになっていました。

　そんな様子を見たセイタ君は「うんうん」「○○っていうことね」と司会の子の言葉に相槌を打ち始めました。バラエティ番組で言うところの「裏回し」です。いつもは冗談ばかり言ってふざけているセイタ君ですが，この状況をなんとかしたいと思ったのでしょう。また，黒板係だったミヤコさんは，真剣な表情で必死にうなずいています。いつもは笑顔を絶やさず，冗談を言うだけで笑い転げてしまうような彼女ですが，こういう時はいつも真剣です。

　そんな２人のことを会の後で取り上げ，「どうして２人はそうしたと思う？」と全体に尋ねました。そして「２人はずっと，司会の子達の顔を見ていたよ。本当に２人とも一生懸命頑張っていた。だから，その顔を見て助けたいと思ったんだろうね」と続けました。司会の子の目で教室を見ることができた２人だからこそ，こんな行動が取れたのです。

　目に見えないエンパシーを伝えることは簡単でありません。しかし，この力がもつ優しさと温かさを，何とかして教室中に広げたいと思うのです。

共同体感覚戦略

戦略

45 文章を通して，その子の身になる機会を増やす

Point ≫

他の仲間の言葉を，その子の気持ちになって読むことで日常的にエンパシーを磨くことができる。

つながり ○月△日 No.____

火曜日に家でキャッチボールの練習をしたので、今日のポートボールで、「少しうまくなっているだろう」と思っていたら、本当にうまくなっていました。うれしかったです。また、やりたいです。【Aくん】

ポートボールをしました。練習の時にAくんにボールをわたしたら、キャッチしてくれました。「キャッチができるようになったんだ！」と思いました。聞いてみると練習したと言っていました。
なぜかうれしかったです。　　　　　　　　　　　　　　　　【Bさん】

「なぜかうれしかった」という言葉から、なんともいえない気持ちが伝わってきて、温かな気持ちになりました。うまくできなかったことに向き合って、がんばろうとしたこともすてきだし、その変化（へんか）に気が付いて、人のよろこびを一緒にうれしく思えるのもすてきです。
だれかのよろこびを自分のよろこびにできる人でありたいと思いました。

子どもの
日記を
2〜3編
選んで掲載

※教師への相談や、
プライベートが
分かることは
載せない

教師コメント

翌日の日記

※高学年では、自主学習
プリントとセットに
することも

130

その子の気持ちになって読める日記

この章では，何度か子ども達の日記を紹介してきました。私は毎年，こうして子ども達に日記を取り組んでもらい，そのうちのいくつかを翌日の学級通信に掲載しています。**他の仲間の言葉を，その子の気持ちになって読むことで日常的にエンパシーを磨くことができる**と考えているからです。

少しずつ，着実に，温かな目を磨く

３年生の子どもが書いた２編の日記を例に挙げてみたいと思います。

火曜日に家でキャッチボールの練習をしたので，今日のポートボールで，少しうまくなっているだろうと思っていたら，本当にうまくなっていました。嬉しかったです。また，やりたいです。【Ａくん】

ポートボールをしました。練習でＡくんにボールをわたしたらキャッチしてくれました。キャッチができるようになったんだ！と思いました。聞いてみると練習したと言っていました。なぜか嬉しかったです。【Ｂさん】

他の子から見たら，何気ないポートボールの一場面です。しかし，Ａくんの目からこの出来事を見ると，世界が大きく変わります。Ａくんにとっては一生懸命頑張って苦手を乗り越えた成長の場面なのです。

また，Ｂさんから見ると，これは仲間の成長を肌で感じた感動の瞬間です。苦手だったＡくんのことを優しく見つめていたＢさんの気持ちや，成功した瞬間の言葉にできない喜びが伝わってきます。実際にＢさんをはじめとするこのチームのメンバーは，ボールを捕れないＡくんをとがめませんでした。ボールを落としてしまう度にみんなで励ましの声を掛け，一緒に練習をしていました。それがきっとＡくんのやる気に火をつけたのでしょう。

また，Ｂさん自身もＡくんにエンパシーを働かせているからこそ，この場面を喜ぶことができているとも言えます。この「なぜか嬉しかった」という繊細な表現からは，エンパシーのもつ温もりがありありと感じられます。少しずつ，着実に。この温かな目を磨いていきたいと思っています。

第7章 脱・同調戦略
―自分らしく仲間とつながる

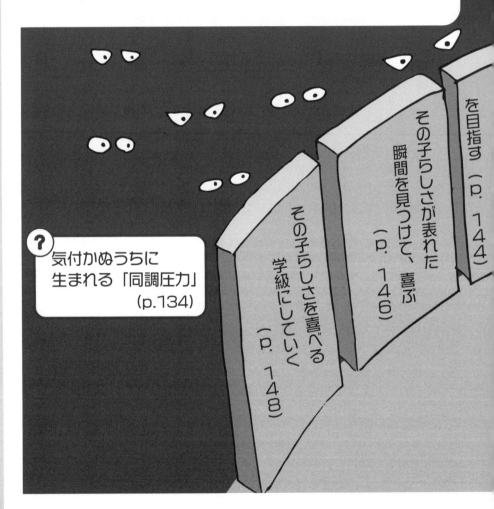

? 気付かぬうちに
生まれる「同調圧力」
(p.134)

その子らしさを喜べる
学級にしていく
(p.148)

その子らしさが表れた
瞬間を見つけて、喜ぶ
(p.146)

を目指す（p.144）

「同調圧力」が奪う
ものとは
（p.136）

互いの意志や、気持ち
を尊重できるように
声を掛ける
（p．１３８）

それぞれの声を
大切にする
「話し合いカード」
（p．１４０）

一人一人の意見を
尊重する「私はタイム」
と「質問タイム」
（p．１４２）

「関係性の中での自立」

This is Me！

同調を脱した先に
あるのは
（p.150）

分　析 11 気付かぬうちに生まれる「同調圧力」

Point >>

　他者への共感やつながりを志向していく時は，同調圧力が生まれていないかに気を付けなければいけない。

共感の落とし穴

共感力を高めていくことで，より他者の気持ちを察したり，学級の雰囲気を良くしていったりすることができるでしょう。しかしこの共感や，他者とのつながりを学級で志向していく時に気を付けないといけないことがあります。

気を付けなければいけない同調圧力

学級に出来上がった女子４人組のグループ。おそろいの服装を着てきたり，髪型を揃えたり。自分達が同じであることを確認し合うような行動が増えていました。４人のうちの何人かが話していようものなら，あわてて飛んでいき話の輪に加わります。また，互いの発言に「そうっ，そうだよね！」「あっ，この消しゴムかわいいよね～」と強く共感を示しているようです。この４人組のつながりを見ていると，どこか違和感を覚えます。

また，こんな"学級遊び"にまつわるトラブルを聞いたことがあります。

あるクラスでは，週に２回学級で遊ぶ時間が設けられています。クラスみんなで遊んでいるとやっぱり盛り上がるようで，子ども達の多くは一緒に遊ぶ自分たちのことを「仲の良いクラス」だと誇らしげに感じています。しかし，その片隅で２人の子どもが教師に指導をされています。学級遊びに参加せず，室内で遊んでいたことを「和を乱してはいけない」「空気を読まないと」と言われているようです。さて，この学級は，本当にみんながつながっている学級なのでしょうか。こちらにもまた，どこか違和感を覚えます。

両者に共通しているのは**「同調」**が求められていることです。前者はグループ内で同じ価値観や感覚をもつことが，後者は学級内で同じ行動をとることが求められています。他者への共感やつながりを志向していく時に重要なのは，こうした同調とはっきりと決別していくことです。それを意識しないでいると，気付かぬうちに一人一人の個性を埋没させることになってしまうかもしれないのです。

分析

12 「同調圧力」が奪うものとは

Point ≫

排除される不安から逃れるために，周囲に合わせた行動が増加すると，

大切な子ども達の個性や主体性，正義感が消えてしまうかもしれない。

みんなと違う意見を伝えたり、
自分のしたい行動を取ったり
した場合、もう友達でいられない
かもしれない

▼

「同じであること」をアピール

本当に自分がしたい行動をすると
「みんな」と異質な存在と
捉えられてしまうかもしれない

▼

「学級の嫌われ者」にならない
ように、みんなに合わせた行動を

みんな一緒

自分がしたいこと
自分が正しいと思ったこと ＜ みんなと同じこと

横並び志向に向かいやすい

　人間関係を専門とする心理学者の早坂（1991）は，日本人に共通の「よい人間関係」という感覚には必ず「同じであること」志向，「横並び」志向が伴っていると述べています。一人だけ違う存在，一人だけ違う感覚，一人だけ違う行動のような**「みんな」と異質の存在や行動は学校や職場で嫌われ，抑圧され，排除されてしまう**というのです。また，いじめの問題もこうした風土の典型的な現れだと警鐘を鳴らしています。

　前のページの例に戻ってみましょう。4人組のグループに属している彼女たちは，お揃いの服を着て，同じものを好きと言うことで，必死に「同じであること」をアピールしています。もしここで，違う意見を伝えたり，自分のしたい行動を取ったりした場合には，もう友達でいられないかもしれないという不安があるのでしょう。実際に排除は起きていなくても，排除されるかもしれない不安によって行動が制限されてしまっているのです。

　また，クラス遊びの例でも，読書や室内遊び等の自分がしたい行動をしてしまうと「みんな」と異質な存在・行動になってしまい，学級の嫌われ者になるリスクが伴ってしまうのです。これでは，一緒に遊んで「絆」を育むどころか，子ども達を縛る「絆し（ほだし）」を生み出すことになってしまいます。

同調圧力が奪うもの

　こうして，嫌われたり，排除されたりしてしまう不安から逃れるために，周囲に合わせた行動が増加します。自分が正しいと思う行動よりも，みんなと同じことをしてしまうようになるのです。その結果消えていくのは大切な，子ども達の個性であり，主体性であり，正義感です。周りの空気や他人の目を必要以上に気にしてしまい毎日が苦しくなってしまったり，集団の中で自分の意見を言えなくなってしまったり。現代の教室の同調圧力は，そんな未来を導いてしまっているかもしれません。

戦略 46 互いの意志や，気持ちを尊重できるように声を掛ける

Point >>

互いの意志や，互いの気持ちを大切にすることができるような成熟した関係性になるように声掛けをしていく。

閉鎖的なグループに	休み時間の学級遊びは

関係性がまだ未熟
居場所の確保に必死
× グループを壊す声掛け
別々でいられるような成熟を

みんなで遊べたら素晴らしい
同調圧力で動かしたくない
圧力ではなく思いやりで
互いへの配慮を促す

これからさらに仲良くなると、
バラバラなことをしていても
平気になると思う

自分の思ったことが
素直に言える友達になれたら、
すごいよね

企画した子に

「みんなで遊びたいです」
っていうように願いとして
伝えてみて

行けない時は、係の子に
一言伝えられると
気持ちが良いよね

全体に

138

同調を脱して，成熟した関係性へ

　最初の２つの事例に戻ってみましょう。まずは４人組の女子グループからです。彼女たちの仲良くしようとしている行動自体は，いたって自然なものです。安定した居場所のない学級開き当初は特に，こういった様子が見られるでしょう。そんな４人組に「いつも同じメンバーとばかりいるのは良くない」と言ってしまったら。「先生は，私の居場所を奪おうとしているの？」といった不信感をもたせてしまうことになるかもしれません。

　この４人組は，関係性を育てている真っ最中。まだ離れることも不安なレベルにいるのです。ただ，この関係性初期の同調タイムを脱することができずに，トラブルになってしまったり，仲間外れをつくったりする子ども達はたくさんいますから，未然に関係性の成熟に向かうようなアプローチをしていきます。「いつも一緒にいて楽しそうだね。これからもっと仲良くなると，それぞれがバラバラなことをしていても平気になると思う」「自分の思ったことが言える友達になれたら，すごいことだよ」…そんなことを，一人一人個別に伝えていくだけで，子ども達の意識が大きく変わります。

思いやりベースの行動に

　また，もう１つの「学級遊び」の事例についても，学級遊びそのものに問題があるわけではありません。学級のみんなで遊ぶことができたら，これはとても素晴らしいことです。しかし，みんな必ず参加すべきという同調圧力で子どもを動かすことはしたくありません。

　そこで，学級遊びを企画する子どもには**「できればみんなで遊びたいです」という願いを伝える**ように話しています。学級を良くしたいという願いで考えた企画ですから，その願いをまっすぐに伝えてもらうのです。また全体に向けて，「参加しない人は，企画してくれた人に『ごめん○○したいから行けないー！』って言えると気持ちがいいよね」とアドバイスをしています。圧力ではなく思いやりで。互いの気持ちを尊重し合うことが大切です。

戦略 47
それぞれの声を大切にする 「話し合いカード」

Point »

「話し合いカード」をもとにそれぞれが目標をもつことで，互いの考えを尊重した「対話」が教室に広がるようにする。

みんなの声

話せていない人がいたら「～さんはどう思う？」のように、その人が話し出せるような機会をつくってみよう。

相手の視点から見る

相手がどんな思いなのか、どんなふうに見ているのか、相手の世界に入り込むつもりで聞いてみよう。

まずは聞く

せっかく意見を言っても、否定されてしまうと「もう言いたくない」となってしまう。簡単に否定せず、聞いてみよう。

聞く時は聞く

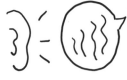

自分の意見で頭がいっぱいになると、相手の話をちゃんと聞けないことがある。まずは話をじっくり聞いてみよう。

受け止めたことを示す

相づちを打つことに加えて、「それを聞いて～と思った」と感想を伝えたり、「それはどんな時？」と質問をつなげたりしてみよう。

オープンな質問

「YES」「NO」で終わる質問ではなく、そこから会話が広がるような質問をしてみると考えが引き出せることがある。

井庭・長井（2018）をもとに作成

対話的な活動に「対話」はあるか

　学級の中に同調はたくさん隠れています。例えば対話的な活動。仲間と「対話」に取り組んでいる中で，自分の意見を述べている子どもはどれくらいいるでしょうか。その内容をじっくり聞いたり，発話記録を取ってみたりすると，多くの子が自分の意見を言えていないことに驚きます。ただ「話し合って」と伝えるだけでは，一部の活発な子どもが自分の意見を伝え，他のみんなが「それがいい」などと烏合して終わってしまうことが多いのです。

　しかし，それでは対話が起こっているとは言えません。経営学者の宇田川（2021）は，「対話とは他者とのやり取りを通じて，新たな物事の見方の地平を切り拓く取り組みである」と述べました。自分の考えを押し付けたり，誰かの考えをただ聞いていたりするだけでは対話とは言えません。**互いの考えを尊重しながら，新たな見方を広げていく**ことが重要なのです。

対話を促す話し合いカード

　そこで作成したのが，左図のような「話し合いカード」です。まず，このカードを，話し合いの前に各班に３枚ほど配布します。そして，子ども達はその中から自分たちの課題を相談して決定します。

　例えば「みんなの声」というカードがあります。話し合いが一部だけで進行しないように「○○さんはどう？」などと声を掛け，みんなの意見を大切にすることを意識付けます。

　また「聞く時は聞く」のように聞き方についてのカードを使うことも効果的です。それぞれの意見を大切にしようという雰囲気ができれば，自然と自分の意見を伝えてみようという気持ちになります。

　何より，自分たちでカードを選択することで，より良い話し合いにしようという意識が高まっていきます。今回は話しすぎたな，もっと自分の意見を伝えられるようにしよう…。そんなふうにそれぞれが課題をもつことができれば，互いの考えを尊重する対話が教室に広がるようになるでしょう。

Strategy

戦略

48 一人一人の意見を尊重する 「私はタイム」と「質問タイム」

Point »

「私はタイム」と「質問タイム」を導入することで，その子の見ている世界をどうすればうまく伝えられるかを一緒に考えることができる。

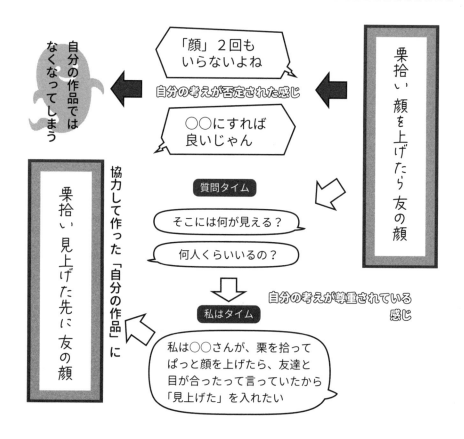

得意な子の意見に同調してしまいがち

　また，カード以外にも話し合いの時間に工夫していることがあります。国語の俳句づくりでの事例です。この単元では，はじめにそれぞれ自分の俳句をつくってから，話し合い活動を行いました。こういう互いの作品を見合うような話し合い活動を設定すると，得意な子が代わりにアイデアを出して終わってしまうことがよくあります。「こっちの方がいいんじゃない」「ここをこうしたら？」と一見温かな教え合いが生まれているように見えますが，そこに作り手のオリジナリティはありません。

それぞれの考えを生かす２つの時間

　そこで先ほど紹介した（pp.82-83）「私はタイム」と「質問タイム」の２つの時間を話し合い活動に導入します。はじめの質問タイムでは，「そこには何が見える？」「時間帯は？」「どこにいるの？」「何人くらいでしているの？」など質問をしながら，作者の子がもっているイメージを具体化し，共有していきます。その子がどんなイメージをもっているのか，どんな光景が目に浮かんでいるのかを聞いていくことで，作者の子自身のイメージを尊重することができます。

　続いてその質問タイムで着想したことを「私は」というＩメッセージの形で伝えていきます。「私は，○○さんが，栗を拾ってぱっと顔を上げたら，友達と目が合ったって言っていたから『見上げた』って言葉を入れたいと思う」。そんなふうに伝えると，作者の考えが否定されている感じがしません。もしこれが「顔って言葉が２回入っているから，１回で良い」というような言い方になってしまうと，まるで添削をしているように感じられるでしょう。

　この「私はタイム」「質問タイム」を導入した話し合いの良さは，**その子の見ている世界をどうすればうまく伝えることができるかを一緒に考えている**ところにあります。否定したり，間違いを探したりするためではなく，その子の考えを生かし伝えるために，他者の視点を生かすことができるのです。

戦略 49 「関係性の中での自立」を目指す

Point »

仲間とのつながりの中で「自分は自分である」と感じられる時間が大切。

本学級では何気ない朝のスピーチがその時間になっている。

関係性の中での自立に向かって

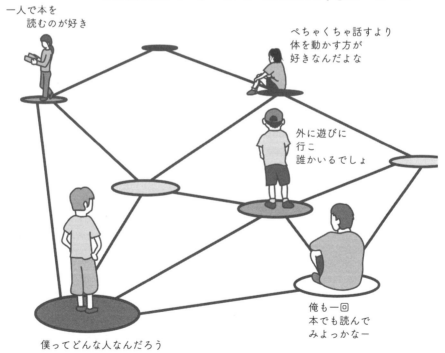

一人で本を
　読むのが好き

ぺちゃくちゃ話すより
体を動かす方が
好きなんだよな

外に遊びに
行こ
誰かいるでしょ

僕ってどんな人なんだろう

俺も一回
本でも読んで
みよっかなー

関係性の中での自立

　社会学者の畠中（2009）は，こうした「他者との関係性を生き，他者から飲み込まれるわけでも，他者を飲み込む関係でもない，自分は自分であるというあり方」を**「関係性の中での自立」**と称しました。この章で大切にしたいのは，まさにこの関係性の中での自立を子ども達に促していくこと。自分勝手に主張するのでも，仲間に同調するのでもなく，仲間とのつながりの中で「自分は自分である」と思えるしなやかな在り方を求めていくことです。

　私の学級では，何気ない朝のスピーチが，この仲間とのつながりの中で「自分は自分である」と感じられる時間になっています。日直の２人がテーマに合わせてみんなの前で話す，よくある朝のスピーチです。

私らしさ全開のスピーチ

　今日の日直はミヤコさん。この朝のスピーチが楽しみで楽しみで仕方がないそうです。この日のテーマは「○○したことはないですか？」のようにみんなが共感するようなポイントをつくることでした。

　「みんなには『推し』がいますか？」今風の言葉で全体に話し掛けるミヤコさん。私以外のクラス全員の共感を一言でかっさらっていきました。「私は，韓国のアイドル○○が好きなんです！　そうするとね，思う訳ですよ…。推しの言葉を聞き取りたい！って」。あまりに生き生きと話すミヤコさんに，私も学級のみんなもどんどんと引き込まれて行きます。「そこで今日は！飽き性の私でも続けられるおススメの翻訳アプリベスト３を紹介します！」。割れんばかりの大歓声が上がり，朝から教室が活気づいていきました。

　好きなアイドルグループに，おすすめのグミとその食べ方，牛丼屋の紅ショウガの魅力，夏の宿題の撃退方法などなど…個性あふれるスピーチが毎朝のように続くと，周りに合わせようとするどころか，自分も，自分らしいものをつくらなくてはという気持ちになっていきます。よくある朝のスピーチですが，自分は自分であることを強調する大切な時間になっています。

Strategy

戦略 50 その子らしさが表れた瞬間を見つけて，喜ぶ

Point »

その子らしい言葉，その子にしかない考え方，その子ならではのストーリー。そんな地が出る瞬間を見つけ，喜ぶことが子どもを輝かせる。

クラスでよく注意を受けていた子が
実は面倒見がとても良く、
下級生に大人気だったこと

黙って様子を見ていた子が
勇気をもってグループの中心
として仕切り出した瞬間

「その子」が表出する瞬間を見つけて喜ぶこと

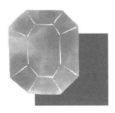

馬鹿にされるかもと
隠していた
電車好きを公言し
熱弁していた場面

いつも計画的で、
完璧にこなしていた子が
余裕が無くなり見せた
アドリブのスピーチ

「えっと」と間を空けて
ゆっくり整理しながら
自分の言葉で話そうと
している瞬間

その子らしさが表れる瞬間を待つ

もちろん，最初からこんなスピーチが展開されていたわけではありません。はじめは一言，二言。みんな同じような話型で当たり障りのない話をしていました。ただ，何か特別な手立てが子ども達を変えたというわけもありません。ただ，**その子らしさが表れた瞬間を見つけ喜ぶこと**。それが一番子ども達のその子らしさを輝かせると思っています。

プリンセスに憧れて

あんな素晴らしいスピーチをしたミヤコさんも，はじめ小さなメモをもって話していました。人前で話すとドキドキしてしまうというのです。「今からスピーチを始めます。私は…」。緊張しながらもきっちりと終えたミヤコさんを見て「苦手なことがあっても，こうして自分で準備をして乗り越えてきたこと」をみんなの前で称賛したことを覚えています。

彼女は半年ほどメモを見てスピーチをしていました。しかし，ある時彼女はメモをつくることができなくなります。スピーチのお題が出た目に合わせた内容を話す「サイコロトーク」に変わったのです。彼女が引いたお題は「小さい頃の記憶」。小学校に入る前の自分のことを話すというものでした。

「う〜ん」話につまること数分。腹をくくったように彼女は「やっぱり，みんな一度はアニメのキャラクターに憧れますよね。私もアニメのプリンセスが大好きでずっと憧れていました」と話し始めました。私も学級のみんなも大笑い。みんなからはたくさんの感想と質問が寄せられました。

スピーチ後，学級のみんなに向けて「いつものスピーチも素晴らしかったけど，今日のミヤコさんのスピーチはまた特に良かったと思わない？　きれいにすらすら話していなくても，心の内を話してくれると，グッと気持ちが引き寄せられるよね」と話しました。その子らしい言葉，その子にしかない考え方，その子ならではのストーリー。そんな **"地が出る"** 瞬間を見つけ，喜んでいくことが子どもを輝かせる一番の方法だと思っています。

Strategy

戦　略

51 その子らしさを喜べる 学級にしていく

Point »

その子らしさが出る瞬間を大事にし続けていると，やがてその価値観

は学級全体に広がっていく。

| 「自分らしさ」を喜んでくれる 他者との出会い | ➡ | 「自分は自分である」 という在り方 |

カブトムシが好きだと言えなくて

　その子らしさが出る瞬間を大事にし続けていると，やがてその価値観は学級全体に広がっていきます。ある日，係の子どもが誕生日を迎える仲間のためにイラストを描きたいと言って，リクエストを募集していたことがありました。そんな中，一人リクエストに中々答えられずに困っていた女子児童がいました。どんな課題でもすらすらと終え，受け答えもはっきりとしている彼女の様子に私は，違和感を覚えていました。

　その後も数日，リクエストができなかったようだったので，係の子とともに，無理しなくてもいいからということを伝えに行きました。すると，彼女は恥ずかしそうに「えっと，カブト虫の絵が良いかな。なんか弟も好きだし。それならあってもいいかなって気がして…」と自信なさげに答えました。

仲間のその子らしさを喜ぶ学級

　虫が好きだということが言い辛かったのか…と彼女の表情を見ていると，一緒に聞いていた係の子どもが「いいね！　私も虫好きだよ！　分かる分かる」と笑顔で答えました。もう一人の係の子どもも笑って「え～っ，すごいな俺絶対触れないよ」と話し掛けます。虫が大の苦手だというのですが，その言葉からは嫌味や虫好きを馬鹿にする感じはまったくありませんでした。

　そこに，その様子を見ていたミヤコさんがやってきました。「何々？　カブト虫？　めっちゃいいじゃん！　面白い。そういうのはさ，どんどん言った方が良いよ。そしたら，もうすっごい楽だから。ねっ」。ミヤコさんの言葉に，彼女の表情がぱっと和らぎました。

　それから，彼女は「この虫かわいくてね」とみんなの前で虫の話をするようになりました。隠していた一面が受け入れられたことで，気が楽になったのでしょう。生き生きとした笑顔を見せることも増えました。**「自分は自分である」という実感は，もしかしたらつながりの中でしか得られないものなのかもしれない。**そんなことを彼女達から学びました。

Analysis

分 析

13 同調を脱した先にあるのは

Point ≫

子ども達のウェルビーイングの実現には，同調を脱した先にある，共

創の基盤としてのつながりが必要。

ウェルビーイング

身体的・精神的・社会的に良い状態にあることをいい、生きがいや人生の意義など
将来にわたる持続的な幸福を含む。個人のみならず、個人を取り巻く場や地域、
社会が持続的に良い状態であることを含む包括的な概念。

 人とのつながり・関係性に基づく要素（協調的要素）が重要な意味を有している。

利他性　　協働性　　社会貢献意識　など

 「同調圧力」につながるような組織への帰属を前提とした閉じた協調ではなく、

他者とのつながりやかかわりの中で**共創する基盤としての協調**という考え方が重要

 目指していくべき
共創の基盤としての協調（つながり・関係性）とは
（→第８章　共創・創発戦略へ）

『教育振興基本計画』（令和５年６月16日閣議決定）をもとに作成

つながりと混同されやすい同調

　この章では，同調圧力から脱していくための取り組みを紹介していきました。つながりと同調は混同されてしまうことがあるため，意識的に切り離していかないと気付かぬうちに，そのしがらみに囚われてしまいます。

同調を脱した先にある共創

　令和5年6月に閣議決定された教育振興基本計画には，「人とのつながり・関係性に基づく要素（協調的要素）が人々のウェルビーイングにとって重要な意味を有している。」という一文があります。日本人の幸福感には，ただ自分がうまくいっているかということだけではなく，周囲とのつながりがあることや，仲間との協働性，誰かの役に立っているという貢献感などが大きく関わっているというわけです。

　加えて，計画には「協調的幸福については，「同調圧力」につながるような組織への帰属を前提とした閉じた協調ではなく，他者とのつながりやかかわりの中で共創する基盤としての協調という考え方が重要である」という文章があります。本章で述べてきたことと重なる内容です。つながりを重視するといっても，そこに同調圧力が生じてしまうようではかえって苦しさを生んでしまいます。周囲の目が気になりすぎたり，周りに合わせようと必死になってしまったり。そんなふうに閉じた協調によって人間関係が苦しくなってしまうケースは珍しくありません。子ども達をそんな苦しいつながりから解放し，誰かとともによりよく生きていけるように。そんな願いを抱きます。

　そして，閉じた協調の対義語として**「共創の基盤としての協調」**という言葉が示されています。同調を脱した先にある，この共創の基盤としてのつながりが，ウェルビーイングを実現するためには必要だということでしょう。

　しかし，この共創の基盤という言葉はあまり聞きなれない言葉です。一体，どのようなつながりが「共創の基盤」となり，子ども達の幸せにつながるのでしょうか。最後の第8章で考えてみたいと思います。

見るだけでつかむ！

第8章

共創・創発
戦略
―つながりの価値が実感できるように

マインドマップを生かして
意見を出し合う価値を
実感させる（p.156）

自由なネットワークを
つくる（p.164）

「創発」のきっかけを
与える（p.168）

? 学級経営の
理想は？（p.170）

Strategy

52　意見をつなげて新しいものを 生み出せるようにする

Point »

　誰かの考えにつなげて自分の意見を述べられるようにすることで，話

し合いが共創的に変わる。

連鎖（れんさ）

浮かんでいた自分の意見を
そのまま伝えるだけでなく、
出てきた仲間の意見に対して、
感じたことや考えたことを
つなげて言ってみよう。

用法

話し合いの前に
黒板に掲示したり
班に配ったりして
使用する。

例

新聞にするのはどうかな
↓
確かに書きやすいかも
↓
でも、どうやって書く？
↓
見出しごとに分担すれば…

共創とは

「共創」とは主にビジネスで使われる言葉で**「異なる立場や業種の人・団体が協力して，サービスや価値観などをつくり出すこと」**を指します。そうすると，新しい教育振興計画に書かれた「共創的な協調」という言葉からは，周りに同調するのではなく，互いの意見を生かし合いながら，何か新しいものを生み出すことができるようなつながりがイメージされます。

自分の居場所を確保するためや，周囲に紛れるためにつながるのではなく，新しい何かを生み出すために誰かとつながる。「共創」は，子ども達が他者とつながる意味や価値を見出すためのキーワードとなりそうです。

小さな共創から

難しいビジネス用語が出てくるとついつい身構えてしまいますが，共に何かを生み出すということはそんなに特別なことではありません。例えば左図に示したのは，話し合いの意見の「連鎖」を意識させるためのイラストです。これをグループや学級全体の前に示し，意見をつなげることを意識付けます。

盛り上がっているように見える話し合いでも，よくよく会話を聞くと，互いに浮かんだことを次々に言っているだけになってしまっていることがあります。しかし，これではそれぞれのアイデアが羅列されているだけ。それぞれが一人ずつ考えをアウトプットしているだけです。

そんな時に役立つのがこの「連鎖」のカードです。連想ゲームのように，できるだけ誰かの考えにつなげて自分の意見を述べられるように意識します。そうしていくと，そのうちに「あっ，じゃあ○○はどう？」と誰かの意見をきっかけに，新しいアイデアが浮かぶことがあるのです。この考えは，誰かの意見を足掛かりにした，自分一人では生み出せなかった答えです。これも，共に創り上げた考えだということができるでしょう。ほんの少し意識を変えるだけですが，グループや学級全体の話し合いを共創的なものに変えることができます。

戦略 53 マインドマップを生かして 意見を出し合う価値を実感させる

Point »

マインドマップを使った授業をきっかけに，仲間の意見に「そうか，それなら」「自分は○○だな」とつなげて考えることができるようにする。

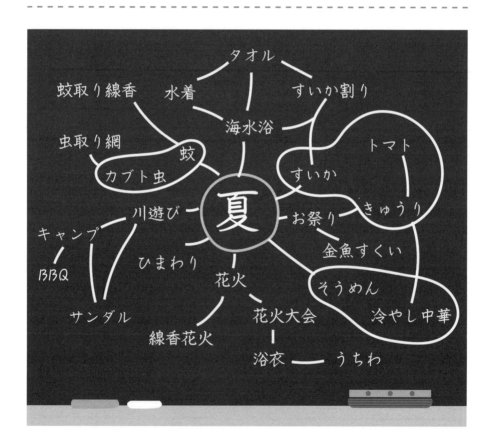

誰かの考えを足掛かりに

また，普段の授業の中でも，他者の考えにつなげて自分の考えを生み出すことを意識させることができます。仲間が意見を出した時に，それをきっかけにして「あっ，そうか。それなら…」「いや自分は〇〇だな」と新しい考えを生み出す習慣を身に付けることができれば。互いの存在が，新しい発想を刺激し合うような共創的な雰囲気が教室に生じるようになるでしょう。

意見を出し合うことの価値

そんな習慣を身に付けさせるきっかけとして，左図のようなマインドマップを使った授業を行います。まず，黒板の真ん中に中心となる言葉を書き，そこから浮かんだ言葉を次々と発表してもらいます。ちなみに左図の場合は，俳句をつくる授業に向けて，イメージを膨らませたいというねらいを兼ねていたので「夏」という言葉を真ん中に置きました。

「すいか」「海水浴」「お祭り」「花火」…すぐに，色んな考えが子ども達から出されました。ここで「夏」から派生した言葉からさらにつなげて，新しい言葉を出しても良いことを伝えます（例：「お祭りから連想して輪投げ」「花火からつなげて，線香花火」）。また，「すいかと海水浴をつなげてすいか割り」のように，派生した言葉同士をつなげて新しい言葉を生み出すこともOKです。「お祭りと花火を合わせて花火大会」「花火大会といえば，浴衣」…あっという間に黒板中が意見で埋め尽くされます。そして黒板上には，その意見と意見のつながりを表す線が網目のようにつながっています。一人ではここまでイメージは広げられません。しかし，みんなで考えを出し合いつなげていくと，新しい考えが生まれてきます。これを子ども達にも，

> こうしてみんなで意見をつなげていくと，どんどん考えを深めていくことができます。いきなり「浴衣」とか「冷やし中華」とかは出てこない。これからも，みんなで意見を出し合いながら，一緒に考えていけると良いなと思います。

と伝えて，他者と共に考える意識を高めていきます。

Strategy

戦略 54 学級のルールや価値観を共創する

Point >>

子ども達の考えや経験，言葉をまとめて整理すれば，学級のルールや価値観をともにつくり出すことができる。

学級目標「一人一人がワンピース」の実現のために決めた具体的な行動（一部）

朝の時間	・ 一人でも多くの人とあいさつをする ・ 時間になったら日直の声掛けに頼らず、自分で切り替える
授業中	・ 色んな人と意見を交換する ・ そういう考えもあるのかと聞いてみる

学級通信『Jigsaw Puzzle』（一部修正）

Jigsaw Puzzle　　　name　　6月19日　No.45

サバイバルクラス

　今日、時間割変更があったけれど、みんなすぐに気持ちを切り替えて授業を受けていました。何人かが気持ちを切り替えられずにいると、周りの人たちもぼーっとなっちゃうけれど、数人でもサッと切り替えられれば周りの人も、それにともなって切り替えることができます！数人が変われば環境が変わる。環境が変わればみんなが変わる！分からん！知らんけど！　　　　　　　　　　　　　【　　　さん】

　今日急に外国語があると聞いたけれど、情報が早い！音楽の帰りに図書室に寄ったけれど、そこまで情報がきていて、ついていけないです（笑）情報が早いといいですね！！もっとみんなで共有したいです！！なんか1組サバイバルに強そう。　　　　　　　　　　　　　　　　　　　　【　　　さん】

　「サバイバルに強そう」にすごく共感して笑いました。図書室まで連絡をしに行ってくれている人がいたってことですね。そんなふところの深さと切り替えの早さに本当に感謝しています。多分、先生はもっと反省をしないといけないんですが、それ以上にみんなの「サバイバル力」を誇らしく思ってしまいます。

ステキな行動の共創

　誰かの考えを足掛かりにするだけでなく，みんなの意見をまとめることで新しいものを生み出すことも可能です。例えば学級のルールも，みんなの経験を合わせてつくり出すことが可能です。

　例えば，ポジティブ行動支援の研究を行う松山（2023）は，子ども達と相談しながら学級目標を実現するための行動を一緒に考え，行動表を作成する取り組みを提案しています。「守らなければいけないこと」として教師がルールを示し，それができていない人を注意したり罰したりするのではなく「どんな行動が素敵か」をみんなで明確にし，それができていることを称賛，承認していくという前向きな取り組みです。ここで創り出された理想の行動表は，まさしく子どもと共創したものだということができるでしょう。私の学級でも子ども達とともに，左図のような表を共に創り，素敵な行動を確認し合いました。

価値観の共創

　また，私が先ほど紹介した学級通信（pp.130-131）は価値観の共創に役立っています。従来型の学級通信では，教師が大切だと思った価値観を子ども達に伝えることが重視されます。しかしこの日記共有型の通信では，子ども達の日記を紹介しながら，それらを関連付けたコメントを教師が返していくためで子ども達の言葉を生かしたり，結び付けたりしながら，学級の価値観を共創していくことができます。例えば，左図の日記では私の連絡ミスの際のみんなのエピソードを取り上げ，そのお礼と謝罪を伝えながら子ども達の自治的な動きを価値付けています。「サバイバルに強そう」という子ども達が見つけた言葉は，この後もクラスの価値として残り，助け合おう，自分たちで解決しようという意識が強くなっていきました。

　行動様式や価値観を子ども達と共に創っていくと，みんなで一緒に学級を創っていくんだという雰囲気がぐっと高まります。

Strategy

戦略

55 子ども達が生み出した新しい遊び

Point »

誰かの考えを足掛かりにしたり，みんなの意見をまとめたりする習慣

が付いてくると，思いもよらないアイデアが生まれることがある。

話し合いから創発的に生まれた新鬼ごっこ

タグ陣

タグ置き場

1 クラス全体を2チームに分ける
それぞれタグを2本腰に付ける

2 各チーム王様を1人選定。ただし、
王様はタグを1本しか付けられない

3 誰が王様かバレないようにタグを
自主的に1本減らして「影武者」になれる

タグの代わりに
自作のひもを
しっぽ取りのように
つくっても OK

4 相手の体に触れないようにしながらタグを奪う
タグを2本取られたらコートの外に並ぶ

5 取った相手のタグを3本使うと仲間を1人復活できる
（先頭に並んでいる人から順に、タグを1本だけ付けて戻る）

6 王様が先にタグを取られたチームの負け
ちなみに取ったタグ5本をボールと交換することもできる
（下投げで当てると、タッチの代わりになるが、一度投げたらもう使えない）

コロナ禍真っ只中の話し合い

　こうして誰かの考えを足掛かりにしたり，みんなの意見をまとめたりする習慣が付いてくると，思いもよらないアイデアが生まれることがあります。

　新型コロナウイルスの蔓延によって2か月の休校が決まったあの年。私は6年生の担任をしていました。この年の生命線はみんなで行う学級会。離れた座席から同じ黒板を見つめて，互い意見をつなげていきました。

　そんな中迎えた最後の学級会。「行事がなくなった代わりに，思い出に残ることがしたい」という議題に対して「みんなで遊びを生みだしたらどうか」というアイデアが決まりました。しかし，直接手を触れることすら禁じられていた当時は，遊びを考えるにも配慮が必要でした。「最後の学級会だけど，口を出さなければいけないかもしれない」そんな葛藤が生まれていました。

共創した新しい鬼ごっこ

　しかし，そんな心配をよそに子ども達は次々にアイデアを出していきました。「やっぱり最後だから，全員が参加できるものがいい」「私も全員でできる方がいいと思います。だから，やっぱり鬼ごっこ系かな」「鬼ごっこ系は良いけど，タッチができないのが心配」「それならタグラグビーのタグを使えばいい」。輪番制で，全員の意見を順番に聞いているのにもかかわらず，まるで2人でおしゃべりをしているように話がかみ合っていきます。

　「じゃあチーム戦にしよう。2本取られたらコートの外に出る」「面白いけど，外に出た人がつまらなくならないか心配」「だったら，敗者復活をつくればいいと思います。方法はまだ分からないけど…」「取ったタグを何本か使えば仲間が復活できるようにしたら」。こうして子ども達は「タグ陣」というタグを使った対決型鬼ごっこを生み出しました。

　まさしくみんなで「共創」したこの遊びは，今でも子ども達に大人気です。**話し合いってすごい。子ども達ってすごい。**そんな確信がもてたこの日の話し合いが，今でも心に残っています。

分析

14

つながることの価値が現れる「創発」という瞬間

Point »

つながった個が相互作用を起こすと，一人一人の価値の総和を超えて，

思いもよらない結果がを生み出されることがある。

つながった個が
相互作用を起こした結果、
単なる個の価値の和を超えて、
ネットワークとしての価値を
生み出す現象

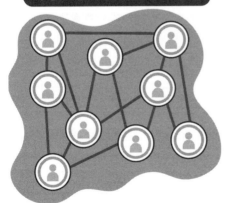

偶然ではなく創発

　意見を相互に絡ませ合うことで，思いがけず生まれた「タグ陣」という新しい遊び。1年間を共にしているとこうした思いがけぬ成果に出会えることがあります。教師をしていて良かったと，ふと思ってしまうような瞬間です。

　この偶然に思える瞬間には**「創発」**という名前がついています。経営学者の國（2006）は「多くの要因や多様な主体が絡まり合いながら，相互に影響し合っているうちに，ある時にエネルギーの向き方が一定方向にそろって，当初は思いもよらなかった結果がポンと現出することがある。そんな現象のことを**創発**という。」と述べています。子ども達の意見が絡み合い思いがけない遊びが誕生した瞬間は，単なる偶然ではないのかもしれません。

　國はまた，この創発現象のことを「つながった個が相互作用を起こした結果，単なる個の価値の和を超えて，ネットワークとしての価値を生み出す現象」と説明しました。つながることによって，一人一人がもっている力以上のものが生み出されることを創発と呼ぶのです。創発とは，まさに**「つながりの価値」が現れる瞬間**なのです。こんな瞬間を体験できた子ども達は，きっと「また誰かと一緒に協力したい」「一緒に新しいものを創り出したい」と思うことでしょう。

創発を学級に起こすために

　創発という言葉もまた，企業経営や地域づくりでよく使われているのですが，この創発を学級に起こすための研究もいくつか存在します。学級で起こる創発現象の研究を進めた蘭・高橋（2016）は自立した個人が主体的に活動し，自由なネットワークの中で互いに信頼し合うことで「創発学級」が生まれると述べています。

　それぞれが同調するのではなく，**自分の意志で動くこと，自由に相手を変えてつながることができること**が，創発を引き起こす鍵を握るというのです。引き続きこの2つの条件をもう少し細かく見ていきたいと思います。

Strategy

戦略

56 自由なネットワークをつくる

Point »

目的によって関わる相手や，自分の立ち回りを変えることができるように，普段から自由な交流の価値を伝えておく。

「いつものメンバー」内では、役割が固定されがち

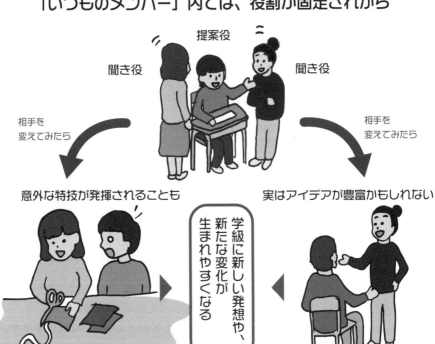

聞き役　提案役　聞き役

相手を変えてみたら

相手を変えてみたら

意外な特技が発揮されることも

実はアイデアが豊富かもしれない

学級に新しい発想や、新たな変化が生まれやすくなる

自由なネットワーク

いつも同じグループでいると，発案役と聞き役，リーダー役とサポート役というように段々と役割が固定してきてしまいます。しかし，それでは，アイデアを出す人が限られ，いつも通りのものしか生み出せません。目的によって関わる相手や，自分の立ち回りが変わり，誰でもアイデアを出すことができるような自由なネットワークが創発には必要です。

自由なネットワークのメリット

そのためには，**子ども達に自由な交流の価値を伝えること**が重要です。例えば，係や委員会を決める時。私は「誰かと一緒じゃなくて，一人でもこれがいいと思えるものを選ぶと良いよ」と繰り返し伝えるようにしています。もちろん，強制ではなく，以下のように，そのメリットを語っていきます。

 仲良しの子と一緒が良いっていう気持ちはすごく良く分かります。でも，実はいくつか問題もあります。例えば，いつも一緒にいると，だんだん役割が決まってきませんか。私は聞き役とか，あの子が大体いつも決める，とか。でも本当は，そうじゃない活躍ができる可能性があるかもしれない。

 それに，いつも一緒にいる子に，急に真剣なアイデアを伝えるのって実はけっこう難しい。こんな意見を急に言ってもいいのかなとか，つい気を遣ってしまいます。逆に初めて組んだ相手との方が気兼ねなく話せたりもして…。

そんな話をすると，必ずいくつか「意外なメンバー」ができあがります。そうすると，いつも同じグループで周りに合わせていた子が，気付けば指揮を取っていたり，いつも走り回っている子が，他のメンバーとともに黙々と折り紙を折り出したりと普段とは違う様子が見られるようになるのです。

また，普段関わっているメンバーが散らばることによって，新たなメリットも生まれます。**グループ同士の橋渡しが簡単に起こるようになる**のです。「今うちが使っているから後で貸すね」「こういうの考えたんだけど，一緒にやらない？」…そうしてネットワークが教室全体に広がっていきます。

戦 略 57 一人一人が自律して行動できるようにする

Point »

目的によって関わる相手や，自分の立ち回りを変えることができるように，普段から自由な交流の価値を伝えておく。

それぞれが自律して
行動できるために

ルールの内在化

子ども達がその場に応じて
価値判断できるかどうか

失敗の保障

確認や、許可なしで
思い切って行動できるか

試行錯誤の経験

TRY & ERROR

自分でやってみた経験が
どれくらいあるか

自律した個

もう1つのキーワードは「自律した個」。それぞれが自律した行動が取れることが創発を引き起こす鍵となります。「先生〇〇してもいいですか」と逐一確認を取っていたり，周りの子についていったりするのではなく，一人一人が自分の行動を自主決定しなければなりません。

自律するための3つのポイント

そのためにはまず，**失敗が保証されていること**（pp.28-29）が大切です。周りに責められるかどうかを不安に思っていては，思ったように行動することができません。それでもまだ教師の承諾を必要とする子には，

> 〇〇さんが正しいと思うんなら，先生に確認せずに動いてみて良いからね。それでうまくいかなくても先生が後から怒ることはないし，間違っていることがあったらきちんと伝えるから。

と背中を押す言葉掛けをします。

加えて重要なのが**「試行錯誤した上での成功体験」**です。「色んな方法を考えながら，みんなが喜ぶイベントを計画できた」「自分たちでなんとか資料をまとめてプレゼン発表ができた」…そんな体験が，自分でやってみようという気持ちにつながります。子ども達が自分たちで考えたり試したりできるような時間をどれだけデザインできるかが肝要です。子ども達に任せたり，委ねたりする活動の積み重ねが，後々の自律した行動につながっていきます。

そして最後に**「ルールの内在化」**です。みんなでやることが同じであれば，活動の前にまとめて注意事項を述べることができますが，それぞれが自由に活動する場ではそれができません。それぞれが「これはしたらいけないな」「今はみんなで〇〇することが必要だから」と判断をしなくてはいけないのです。形だけのルールではなく，子ども達の心の中に根付いた，内在化したルールがどれだけあるか。みんなで創り上げた行動様式や学級目標など，子どもが本心から守ろうと思えるものがどれだけあるかが重要です。

戦略 58 「創発」のきっかけを与える

Point »

1年の締めくくりになる活動など，どこかで学級の全員で取り組める

ような機会を準備し「創発」を経験させたい。

いいね！
そうしよ！

こっちの方がさ…

えっ、司会のために
髪結ぶの？笑

レーンつくってるの？
めっちゃいいじゃん

一人一人は
バラバラなのに
全体で見ると
1つの
まとまりに
見える

え、これ無理！計算できない

誰かに頼も…

レイアウトの人来てー？

これどう？

1年の締めくくりは

　1年の最後のお楽しみ会や，卒業文集の制作など，1年間の締めくくりとなる活動は，できるだけ学級の全員で取り組みたいと考えています。もちろん，学級の状態は考慮しますし，無理強いはしませんが，心のどこかで「最後に子ども達に創発を経験させたい」という気持ちがあるのだと思います。

バラバラに見えた子ども達の創発

　思い出されるのはある年の学期末の出来事です。この年は子ども達の趣味嗜好や価値観があまりにもバラバラでまとまらず，思い悩むこともたくさんありました。そのため「最後にみんなでお楽しみ会がしたい」という声から話し合いがスタートした時も，うまく締めくくれるかなという不安を強く感じていました。ボーリング，けん玉，ジェスチャークイズにトランプ大会。どれもアイデアは面白いのですが，中々話がまとまりません。

　そんな時「お祭りがしたい」という突拍子もない意見が出てきました。みんなは，急に何を言い出すんだという顔をしていましたが「それなら，みんなのアイデアを屋台みたいに全部取り入れられる」という付け足し意見によって話し合いは急展開。「お別れフェスティバル」の開催が決定しました。

　それぞれの屋台の計画に，時間配分，教室配置や司会進行。たくさんの仕事が必要だったので，みんなで役割分担をすることが決まりました。そしていよいよ，計画がスタート。子ども達が一斉に動き出します。

　段ボールでボウリングのレーンをひたすらつくる人や，黙々と台本原稿を書き続ける人。教室配置の係はそれぞれの屋台の担当に必要なサイズを聞き出し，何やら必死に面積の計算をしています。「私，算数無理！　誰か助けてー！」「パソコン固まった！　〇〇呼んでー！」。色々なコミュニケーションが飛び交います。一人一人していることはバラバラなのに，全体で見ると1つのまとまりとして動いているようです。「この子達はすごい」「つながるってすごい」…そんな思いが自然と込み上げてきました。

15 学級経営の理想は？

Point »

ゆるやかにつながり，バラバラのように見えてまとまっている。方向

が揃うと思いもよらない力が発揮される。そんな学級を理想にしている。

このクラスは、みんながすべて同じ方向を向いているわけではない。みんながちがう考えをもって、みんながちがう方向を向いた上で、一つのまとまりとして成り立っている。

みんなにちがいがあると、理解できない部分が出てくる。なんで分からないんだと腹を立てることもある。

けれど、その理解し合えない難しさが、このクラスの「楽しい」につながっていくんじゃないか。これが一番実感できるのは、やはり話し合いだ。

最初に、みんなが意見を言う。だれかがその意見に反対する。そんな感じてみんなで本音を言い合っているとき、ぼくは心から楽しいと思う。これは、遊んでいるときの楽しいとはちがう、何か深いものを感じる。

そして、話し合ううちに、次第にみんなは一つの目標を意識し、実行するようになる。ばらばらだった方向がふと一つのまとまりとなり、たがいに高め合い、進んでいく。

これが、このクラスの楽しさだと思う。一人一人はちがうのに、一体感があるこの不思議が、このクラスを楽しくしているのだと思う。

※許可を得て掲載しています

170

学級経営の先に見据えるもの

　1年間の学級経営の先に，どんな理想の瞬間を描いているでしょうか。今まで全然話を聞いてくれなかった子ども達が，自分の話を真剣に聞いてくれた瞬間。子ども達がまるでミニ先生になったように，自分のモットーや，大切な価値観を他者に伝え出した瞬間。どちらも素晴らしいことなのかもしれませんが，そこに子ども達の個性はありません。

「創発」という言葉を加えて

> 　それは不意に訪れる。授業中だったり，活動している最中だったりと。それまでは，どちらかというといやいやながらだったり，教師からの指示待ちだったりしていたはずなのに，子ども達の中にあるスイッチが入ったかのように行き行きと活動し始める瞬間があるのだ。だれかは指示を出し，別の誰かは懸命に考え，活動に没頭するものもいる。学級集団はときに教師の意図を超えて，ダイナミックな動きをみせる。子ども達の力はすごい。そう思える瞬間がある，という。

　蘭・高橋（2016）は創発が起こる教室をこのような言葉で描写しました。この文章を読んだ時の感動を未だに覚えています。私ははっとして過去の卒業文集を手に取りました。教員になって5年目の年。左図はその年に一人の子が書いた文集です。蘭・高橋の言葉と彼の文が重なりました。恥ずかしいことに，私は数年経って，彼が書き残した文章の素晴らしさに気が付いたのです。彼は私よりとっくの昔に，偶然起こった創発を肌で感じ，言葉に変えました。

　そうして「創発」は私の学級経営の理想となりました。そこでは一人一人が対等です。周りの目を気にしながら行動する人は誰もいません。自分の考えを気兼ねなく伝えています。相手の立場にたって，共感を示しながら。互いの考えを尊重しています。そして，ゆるやかなつながりがあります。目的に応じて，分け隔てなく誰とでも自由につながることができるのです。

　この「創発」という言葉を，「理想の学級」を描いたページに書き加えてみてはいかがでしょうか。

あとがき

　「つながり」を卒業論文のテーマに選んでから12年。ぼんやりとではありますが，私は「つながり」を学級経営の目標に置き続けていました。とはいっても，実際はうまくいかないことばかり。とにかく関わることが大切だとグループワークをやり続けて学級に混乱を生んだり，学級の絆を求めて圧力を生んでしまったりと，たくさんの失敗をしてきました。

　原因は目標の曖昧さにあります。つながりをぼんやりと大きなテーマにしていただけで，教室にどんな「つながり」を生みたいのか，どうやって築いていくのか，具体的なイメージが何ももてていなかったのです。

　「つながり」という言葉は世の中で幅広く使われています。相手の心に棲みこむような深い関係性をつながりと言ったり，SNSの世界で幅広く関係を広げていくことをつながると言ったり。色々な使われ方がされるこの言葉をそのまま目標に置いてしまうと，焦点がぼやけてしまいます。私は雲を掴むように，ぼんやりとしたつながりを追い求めてしまっていたのです。

　それでもなんとか，子ども達に助けられて「つながりが築けた」と思えたことが何度かありました。しかし，近年の状況ではそううまくはいきません。こちらの計画が曖昧なままでは，つながりを築くことができないまま1年が過ぎていってしまうでしょう。

　そこで本書では，このぼんやりとしたつながりに焦点を定めることを試みました。つながりの基盤になるのは何か（第1章，第2章）。まず，どんなことから始めればいいのか（第3章）。そもそも学校ではどんなつながりを求めればいいのか（第4章）。そして，そこに入れない子にはどうすれば良いのか（第5章）。一人一人につながる力をつけていくにはどうすればいいのか（第6章）。つながりを志向する時に気を付けることは何か（第7章）。最後に，つながりが生まれた教室ではどんなことが起こるのか（第8章）。ぼんやりとしたつながりをそのまま追わなくても良いように，戦略という枠

組みを使って，分類してまとめたものがこの「戦略図鑑」です。

　この「戦略」という言葉を使うことで，子ども達を制圧するようなイメージを与えてしまうのではないかという恐れもありました。しかし，この消えていくつながりを守っていく営みは，やはり「戦い」と表現するのがふさわしいと思ったのです。自分の言っていることが間違っているのかな，もう無理なんじゃないかな，そんな虚しさを感じることがたくさんあります。それに，他にもすべきことがたくさんある多忙な日々の中で，つながりという目に見えないものを求めていくことは賢明とは言えません。行事や学習の間を縫ってつながりを築こうとしても，すぐに成果は表れないのです。粘り強く，覚悟をもって“戦わなければ”つながりには辿り着けません。

　しかし，それでも尚，みなさんが戦いを止めないのは，きっとつながりの可能性を信じているからでしょう。子ども達の幸せにはつながりが欠かせない。子ども達に他者とつながれた喜びを子ども達にも感じてほしい。そうした思いで日々戦われているのだと思います。微力ではありますが，本書を通じて厳しい戦いに向かうみなさんの，背中を押せたらと願っています。

　本書の根底にある「子ども達にはつながりが必要だ」という信条や「子ども達は必ずつながれる」という希望をもつことができたのは，間違いなく学級の子ども達のお蔭です。毎日嬉しそうに他者と関わっている学級の子ども達に勇気をもらって，なんとか最後まで書き上げることができました。一人一人の教え子達に改めてお礼を言いたいです。また，大江さんはじめ明治図書出版のみなさんのご尽力により，こうして本書をお読みいただくことができました。温かくサポートしていただきありがとうございました。

　最後に読者のみなさまへ。最後までお付き合いいただき誠にありがとうございます。つながりを守るために，どこかで戦っている方々がいるということを心の支えにして，私もまた前線へ向かいたいと思います。

2024年1月

佐橋　慶彦

引用・参考文献

まえがき

・東畑開人『なんでも見つかる夜に，こころだけが見つからない』新潮社，2022

第1章　対等・安全戦略―みんなが大切な教室の基盤をつくる

・斎藤環『承認をめぐる病』筑摩書房，2016
・鈴木翔『教室内カースト』光文社，2012
・エイミー・C・エドモンドソン著／野津智子訳『恐れのない組織―「心理的安全性」が学習・イノベーション・成長をもたらす』英治出版，2021

第2章　他者意識戦略―心の傷を未然に防ぐ

・山田洋一『学級経営サポートBOOKS 子どもの笑顔を取り戻す！「むずかしい学級」ビルドアップガイド』明治図書，2021
・赤坂真二『赤坂版「クラス会議」完全マニュアル―人とつながって生きる子どもを育てる』ほんの森出版，2014
・森篤嗣『新時代教育のツボ選書3　授業を変えるコトバとワザ～小学校教師のコミュニケーション実践』くろしお出版，2013

第4章　シェアのつながり戦略―つながりを教室全体に広げる

・東畑開人（前掲）
・赤坂真二（前掲）
・嶋田洋徳「児童の心理的ストレスとそのコーピング過程－知覚されたソーシャルサポートとストレス反応の関連」ヒューマンサイエンスリサーチ，1993
・藤原健志・村上達也・西谷美紀・櫻井茂男「児童用援助要請行動尺度の作成」『教育相談研究』53巻，2016
・野口裕二『ナラティヴと共同性―自助グループ・当事者研究・オープンダイアローグ―』青土社，2018
・ヤーコ・セイックラ，トム・アーニキル著／斎藤環訳「治療的な会話においては，何が癒やす要素となるのだろうか　愛を体現するものとしての対話」（斎藤環著『オープンダイアローグとは何か』医学書院，2015）
・近藤卓『自尊感情と共有体験の心理学―理論・測定・実践』金子書房，2010

第5章　個別のアプローチ戦略―この子もあの子もつながりの中へ

・佐伯胖編著『「子どもがケアする世界」をケアする　保育における「二人称的アプローチ」入門』ミネルヴァ書房，2017
・野口裕二『物語としてのケア―ナラティヴ・アプローチの世界へ』医学書院，2002
・佐伯胖編著『共感－育ち合う保育の中で』ミネルヴァ書房，2007
・野口芳宏『小学校国語科授業技術全書3　話せない子・話さない子の指導』明治図書，1981

第6章　共同体感覚戦略―つながれる子を育てる

・A・アドラー著，岸見一郎訳『個人心理学講義』一光社，1996
・髙坂康雅「小学生版共同体感覚尺度の作成」『心理学研究』第84巻第6号，2014
・岸見一郎『改訂新版　アドラーを読む―共同体感覚の諸相』アルテ，2014
・ブレイディみかこ『他者の靴を履く　アナーキック・エンパシーのすすめ』文藝春秋，2021
・佐伯胖編著，2007（同掲）

第7章　脱・同調戦略―自分らしく仲間とつながる

・早坂泰次郎『人間関係学序説　現象学的社会心理学の展開』川島書店，1991
・宇田川元一『組織が変わる―行き詰まりから一歩抜け出す対話の方法2 on 2』ダイヤモンド社，2021
・井庭崇・長井雅史『対話のことば　オープンダイアローグに学ぶ問題解消のための対話の心得』丸善出版，2018
・畠中宗一「関係性の中での自立－情緒的自立のすすめ―」『現代のエスプリ』No.508，ぎょうせい，2009
・文部科学省「教育振興基本計画」令和5年6月16日閣議決定

第8章　共創・創発戦略―つながりの価値が実感できるように

・松山康成『学校・学級が変わる！はじめてのポジティブ行動支援　子どもと先生の笑顔が輝くアプローチ』明治図書，2023
・國領二郎編著『創発する社会　慶應SFC〜DNP創発プロジェクトからのメッセージ』日経BP企画，2006
・蘭千壽・高橋知己『創発学級のすすめ　自立と協同を促す信頼のネットワーク』ナカニシヤ出版，2016

【著者紹介】

佐橋　慶彦（さはし　よしひこ）

1989年，愛知県名古屋市生まれ。名古屋市立公立小学校に勤務し，現在，教職12年目。学級経営や子どもの目線に立ったアプローチの研究と実践に取り組んでいる。

『第57回実践！わたしの教育記録』特別賞，第19回学事出版教育文化賞受賞。

日本学級経営学会会員。教育実践研究サークル「群青」代表。

単著に『全図解　子どもの心を動かす学級経営アプローチ』，共著に『教職１年目の学級あそび大全』『子どもに任せる勇気と教師の仕掛け』（いずれも明治図書）があり，小学館『みんなの教育技術』では，学級経営や子どもへの言葉掛けにまつわる記事を寄稿している。

〔本文イラスト〕佐橋慶彦

「バラバラ」な教室に「つながり」を創り出す
学級経営戦略図鑑

2024年３月初版第１刷刊	©著　者	佐　橋　慶　彦
2024年８月初版第２刷刊	発行者	藤　原　光　政
	発行所	明治図書出版株式会社

http://www.meijitosho.co.jp
（企画）大江文武　（校正）吉田　茜
〒114-0023　東京都北区滝野川7-46-1
振替00160-5-151318　電話03（5907）6701
ご注文窓口　電話03（5907）6668

＊検印省略　　　　組版所　藤原印刷株式会社

Printed in Japan
ISBN978-4-18-305726-6
もれなくクーポンがもらえる！読者アンケートはこちらから